돌싱 커플의
사랑과 삶의 이야기

돌싱 커플의 사랑과 삶의 이야기

발행일	2025년 8월 6일

지은이	신남호		
펴낸이	손형국		
펴낸곳	(주)북랩		
편집인	선일영	편집	김현아, 배진용, 김다빈, 김부경
디자인	이현수, 김민하, 임진형, 안유경	제작	박기성, 구성우, 이창영, 배상진
마케팅	김회란, 박진관		
출판등록	2004. 12. 1.(제2012-000051호)		
주소	서울특별시 금천구 가산디지털 1로 168, 우림라이온스밸리 B동 B111호, B113~115호		
홈페이지	www.book.co.kr		
전화번호	(02) 2026-5777	팩스	(02) 3159-9637
ISBN	979-11-7224-751-5 03190 (종이책)		979-11-7224-752-2 05190 (전자책)

잘못된 책은 구입한 곳에서 교환해드립니다.
이 책은 저작권법에 따라 보호받는 저작물이므로 무단 전재와 복제를 금합니다.
이 책은 (주)북랩이 보유한 리코 장비로 인쇄되었습니다.

(주)북랩 성공출판의 파트너

북랩 홈페이지와 패밀리 사이트에서 다양한 출판 솔루션을 만나 보세요!

홈페이지 book.co.kr • **블로그** blog.naver.com/essaybook • **출판문의** text@book.co.kr

---

작가 연락처 문의 ▶ ask.book.co.kr

작가 연락처는 개인정보이므로 북랩에서 알려드릴 수 없습니다.

니체 철학으로 다시 쓰는 사랑과 재혼의 실천 노트

돌싱 커플의 사랑과 삶의 이야기

신남호 지음

북랩

책을 펴내며

이 책은 '돌싱 커플의 철학적 사랑'을 위해 쓰였습니다. 철학 텍스트는 니체의 주저 『차라투스트라는 이렇게 말했다』입니다. 이 책을 사랑에 응용했다는 점에서 본 저작은 『차라투스트라는 이렇게 말했다』의 '돌싱 커플 버전'이라 할 수 있겠습니다.

돌싱 커플에게는 새로운 환경이 전개됩니다. 즉 어떻게 하면 이전의 아픔을 딛고 더 원숙하고 아름다운 사랑을 할 수 있을까? 커플에게 딸린 자녀를 어떻게 포용할 것인가? 별거나 이혼으로 떨어져 사는 친자녀를 어떻게 양육할 것인가? 각자의 재산은 어떻게 합리적으로 처리할 것인가? 이러한 사안들을 잘 해결하는 것이 돌싱 커플의 사랑을 깊고 행복하게 만들 것입니다. 이 책에서 이런 사안들을 다룹니다.

니체는 자신의 책 『차라투스트라는 이렇게 말했다』에 대해 이렇게 말합니다. "이 작품은 단연 독보적이다. … 괴테나 셰익스피어도 차라투스트라의 믿을 수 없는 열정과 높이에서는 한순간도 숨을 쉬지 못한다. 단테도 차라투스트라에 대한 한 명의 신봉자일 뿐, 진리를 창조한 것도 아니며, 세계를 지배한 것도 아닐 뿐만 아니라 그는 하나의 운명도 아니다. 인도 베다의 시인들은 사제일 뿐, 차라투스트라의 신발 끈을 맬 자격조차 없다."[1]

니체의 말이 대단한 허풍처럼 들리기도 하고, 또는 허풍 그 이상의 것이 있을 것 같기도 합니다. 어느 것이 맞는지는, 이 책을 통해서도 판단이 가능할 것으로 생각됩니다. 니체가 말하는 '이상적 사랑'은 자기애와 자기 극복에서 출발해, 깊은 우정과 교감을 바탕으로 서로의 차이를 인정함과 동시에 다듬어 가면서, 사랑할 대상을 창조하고, 조건 없이 베풀며 함께 초극하는 행위로 정리할 수 있겠습니다.

---

[1] Friedrich Nietzsche / Judith Norman, The Anti-Christ, Ecce Homo, Twilight of the Idols, (Cambridge University Press, 2007), No.6, p.129.

이런 사랑은 인간을 성장시키고, 삶을 긍정적으로 대하는 힘이 되리라 생각합니다. 생에 한번은 이런 사랑을 해 보고 싶지 않으신가요? 그렇다면 니체와 함께 사랑의 여행을 떠나요!

이 책이 나오기까지 애써 주신 북랩 출판사 김회란 출판부장님을 비롯한 편집진분들의 노고에 감사드립니다. 끝으로 사랑하는 자녀들, 그리고 곁에서 글의 모티브를 제공해 준 아내 에나에게 고마움을 표합니다.

차례

책을 펴내며   5

1.
삶은 모험

2.
별거와 이혼에 적응하기

3.
이혼 후 자녀 양육은 어떻게?

별거와 이혼 후의 자녀   30
누가 자녀를 맡을 것인가?   37
자녀의 양육비는?   43
자녀가 잘 지내지 못할 때는?   51

4.
상대의 자녀 및 부모와 가족 되기

자녀와의 만남   64
노부모 돌봄과 사랑   72

5.
돌싱 커플의 사랑을 위한 덕목들

인식의 문제	84
망각과 사랑	92
이기심과 이타심	100
효용성과 공정성	105

6.
고통과 갈등에 대한 대처

고통에 대해	112
소크라테스와 소피스트 그리고 니체	117
갈등이 생기는 계기	127
갈등: 깊은 사랑의 계기로	148

7.
연인 사이의 돈거래

돌싱 커플의 경제학	156
돈 갚으라는 말을 했다면?	164

8.
돌싱 커플의 경제생활

재산 처리   172
유산 처리   177
경제활동   183

9.
돌싱 커플에게 결혼이란?

글을 마치며   194
참고문헌   196

일러두기

이 책의 인용문은 아래의 독일어 원전에서 가져왔고, 국내의 저명한 니체 전문가들이 저술한 한글 번역본 및 해설, 그리고 영문판을 참고하였습니다.

- Nietzsche, Friedrich., Also sprach Zarathustra : Ein Buch für Alle und Keinen, 2024. S. Fischer Verlag GmbH, Hedderichstr. 114, 60596 Frankfurt am Main, Printed in Germany.
- 니체, 『차라투스트라는 이렇게 말했다』, 황문수 옮김, (문예출판사, 1991).
- 니체, 『차라투스트라는 이렇게 말했다』, 백승영 옮김, (사색의 숲, 2022).
- 박찬국, 『차라투스트라, 그에게 삶의 의미를 묻다』, (세창출판사, 2021).
- 백승영, 「니체 '차라투스트라는 이렇게 말했다'」, 『철학사상』 제2권 제10호, (서울대학교 철학사상연구소, 2003).
- 정동호, 『니체 '차라투스트라는 이렇게 말했다' 해설서』, (책세상, 2022).
- 고병권, 『니체의 위험한 책, 차라투스트라는 이렇게 말했다』, (그린비, 2022).
- Nietzsche, F. / Adrian Del Caro, Thus Spoke Zarathustra, © Cambridge University Press 2006. The Edinburgh Building, Cambridge cb2 2ru, UK. Published in the United States of America by Cambridge University Press, New York.

각주로 인용을 표기할 때, 독일어 책 제목을 축약해 머리글자 ASZ로 표기합니다.

가끔 인용된 영문판 문헌에서 p는 내용을 수정 없이 인용할 때, pp는 내용을 발췌할 때 썼습니다.

1

삶은 모험

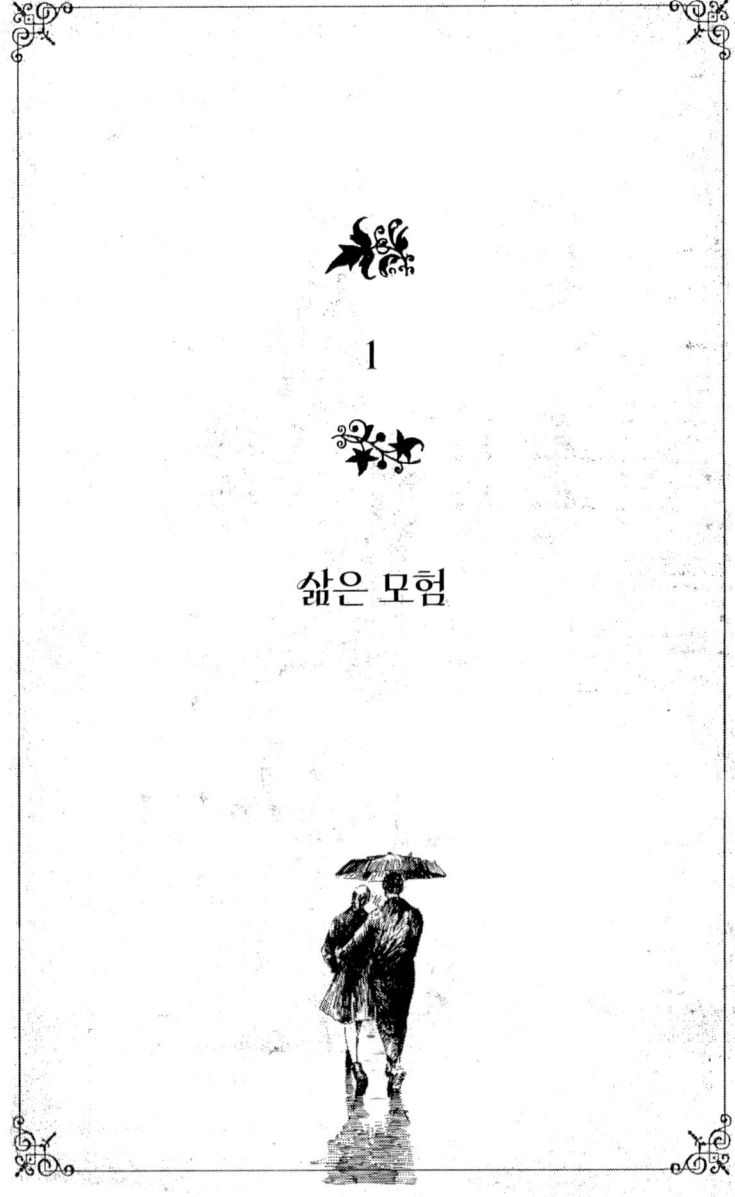

돌싱 커플은 당사자 한 명 혹은 둘 다 과거의 법적인 혼인 관계를 청산하고 새로운 사랑을 시작한 사람들이다. 먼저 이들에게는 친구, 친밀한 직장 동료, 인생 멘토에게 자신을 드러내는 용기가 필요하다. 자신을 개방하는 것이 새로운 사랑의 첫 출발이 되기 때문이다.

니체는 자유정신에 따른 모험과 실험적 삶을 선호했다. 돌싱 커플은 관습의 이름으로 행복하지 않은 결혼 생활을 연장하기보다는, 거기서 탈주하면서 새로운 모험을 시작한 것이라 할 수 있다.

돌싱 커플이 맺어질 때 상대에게 자녀가 없어야 한다든가, 자녀가 있어도 다 성장했기를 바라는 경향이 있다. 또 부모를 모시거나 자주 돌보는 일이 없기를 바란다. 그리고 상대가 재산이 있어야 한다고 여기기도 한다. 하지만 이러한 조건들을 적절하게 의식하지 않는 것도 좋다. 그래야 내 사랑을 찾을 가능성이 더 높아지기 때문이다.

신화 속 '테세우스'에 반대하며

차라투스트라는 이렇게 말한다.

"차라투스트라는 먼 길을 여행하는 자, 위험(Gefahr)을 마다하지 않고 사는 사람들의 벗이다. 그대들 대담한 탐구자들, 탐험가들이여, 그대들은 일찍이 지혜의 돛을 달고 험난한 바다를 항해한 자들이다(나는 그대들이 좋다 ― 필자). 그대들은 영혼이 홀리듯 피리 소리에 이끌려 수수께끼에 호기심을 보이고, 어스름도 즐기며 미궁(迷宮) 같은 소용돌이로 빠져든다. (그러나) 그대들은 겁먹은 손으로 한 줄기 실을 따라가는 것을 원하지 않는다. 추측(erraten)을 선호하고, 추론(erschließen)하는 것을 원하지 않는다."[2]

---

2) Nietzsch, F. Also sprach Zarathustra (=ASZ), Dritter Theil : Vom Gscicht und Räthsel, Nr. 1, s. 175.

그리스 신화의 영웅 '테세우스'가, 하데스로 내려가 미로(迷路)가 놓인 궁전에서 괴물 '미노타우로스'를 죽인 후 길을 헤매고 있다. 이때 테세우스는 미노스 왕의 딸 '아리아드네'가 늘어놓은 실을 감아 가면서 길을 찾아 나왔다. 여기서 중요한 점은, 니체가 그렇게 정해진 길을 따르는 것을 좋아하지 않는다는 것이다.

니체가 좋아하는 탐구자나 탐험가들은, 피리 소리에 홀린 것처럼 세상의 수수께끼와 미지의 것에 호기심을 가지고, 어둠 속에서도 두려워하지 않고, 미로처럼 복잡한 곳으로도 기꺼이 들어간다. 하지만 겁먹은 손으로 실을 더듬어 가며 안전하게만 행동하는 것을 원하지 않는다. 그래서 이들은 정해진 원리와 규범으로부터 논리를 '추론' 하기보다는, 직접 부딪치며 경험하고 모험적인 '추측'을 통해 삶의 의미를 찾는다.

이런 관점에서 니체는 산파술로 유명한 소크라테스를 서양 역사 최초의 데카당(퇴행)으로 여긴다. 소크라테스에 대한 비판은, 니체가 서양 고대 철학의 거물을 비판하고 있다는 점에서 주목을 끈다. 그래서 6장에서 추가적으로 다루기로 하고 여기서는 간단히만 살핀다. 서울대 박찬국 교수의 번역은 이렇다.

"모든 것을 이론적으로 해명할 수 있다고 믿었던 소크라테스와 함께, 음악이 조성하는 도취와 열정에 의해 세계의 비밀과 진리에 닿을 수 있었던 (그리스의) 비극은 사라지게 되었다. 인간이 음악과 분리된 언어, 존재와 분리된 의식의 언어를 통해서 세계의 비밀을 다 파헤칠 수 있다고 믿을 때 비극은 종말을 고했다. (결국) 운명적인 열정이 계산과 술책, 타산에게 자리를 내주게 되었다."[3]

니체가 볼 때, 소크라테스는 차가운 변증법의 '논리'로 '열정'을 식혀 버린 인물이 된다. 그래서 소크라테스가 아테네 젊은이들로 하여금 논리적으로 정해진 길만 가도록 유도함으로써, 오히려 젊은이들을 타락시켰다는 평가가 나온다. 물론 우리의 삶에서 이치, 논리를 논하는 것이 여전히 중요하다.

하지만 니체는 삶의 아픔, 고뇌, 의지, 욕망, 환희 등 몸으로 느끼는 정서를 담아내고 또 다양하게 표현하는 '음악'과 '비극'이 인간의 본래적 모습을 더 잘 드러낸다고 본다. 니체는 사람들이 의지하는 환상 혹은 환영의 유형에 대해 이렇게 말한다.

---

[3]   니체, 『이 사람을 보라』, 박찬국 옮김, (아카넷, 2024), p. 134-135.

"어떤 사람들은 소크라테스적 인식의 기쁨(pleasure in understanding)과 이것에 의해 존재의 영원한 상처를 치유할 수 있다는 망상을 (delusion) 믿는다. 두 번째 사람들은 예술의 유혹적인 아름다움의 베일에 휩싸인다. 마지막으로, 어떤 사람들은 소용돌이치는 현상의 배후에 영원한 생명이 파괴되지 않고 흐른다는 형이상학적 위안(metaphysical solace)에 매료된다. 우리가 문화라고 부르는 모든 것은 혼합 비율에 있어서 우세한 정도가 다른 데, (이 3가지를 요약한다면) 그것은 소크라테스적인 문화, 예술적인 문화, 비극적인 문화다."[4]

이 중에서 '비극적인 문화'는 '형이상학적 생명력의 힘'으로 달리 표현할 수 있다. 인간 누구나 삶의 심연에서 좌절하고 체념할 수 있지만, 파괴될 수 없는 생명의 힘을 믿고 희망을 추슬러 일어서는 사람들이 있다. 이는 비유하자면 주신(酒神) 디오니소스적 비극의 힘에 의한 것이라고 할 수 있다. 따라서 이들을 디오니소스적 인간형이라 칭할 수 있겠다. 니체는 또 이렇게 말한다.

"디오니소스적 황홀경(ecstasy)은 일상의 구속과 존재의 한계를 파괴한다. 이 황홀경이 지속되는 동안 망각의 강(lethargic)이 흐르고,

---

[4] Nietzsche, F., The Birth of Tragedy and Other Writings, (Cambridge University Press, 1999), Foreword to Richard Wagner, No. 18, p. 85.

이 강을 건너면서 사람들은 과거부터 개인적으로 체험한 모든 것을 잊어버린다. 이러한 망각의 심연(gulf of oblivion)에 의해 일상적 삶의 세계와 디오니소스적 경험의 세계가 나뉜다."[5]

디오니소스적 황홀감에 몰입하는 순간, 우리는 삶의 파괴적 현실 속에서도 굴하지 않고 생성하는 힘을 보여 줄 수 있다. 이때 평소의 일상적 삶에서 벗어나 완전히 새롭고 열정적이며 건강한 본능의 세계로 진입한다. 따라서 니체는 '디오니소스적 황홀경'이 우리를 현실 속 삶의 굴레에서 해방시키고, 새로운 차원의 경험으로 이끈다고 본 것이다.

그럼 돌싱 커플은 위 유형 중 어디에 해당할까? 돌싱 커플이 아픔을 이겨 내고 치유, 망각, 창조, 환희의 여정을 간다면, 이들 역시 디오니소스적 인간형에 좀 더 가깝다고 볼 수 있을 것이다. 그렇다면 지금부터 돌싱 커플의 디오니소스적 모험의 삶이 시작된다.

---

5) Nietzsche, F., The Birth of Tragedy and Other Writings, (Cambridge University Press, 1999), No. 7, p. 40.

2

별거와 이혼에 적응하기

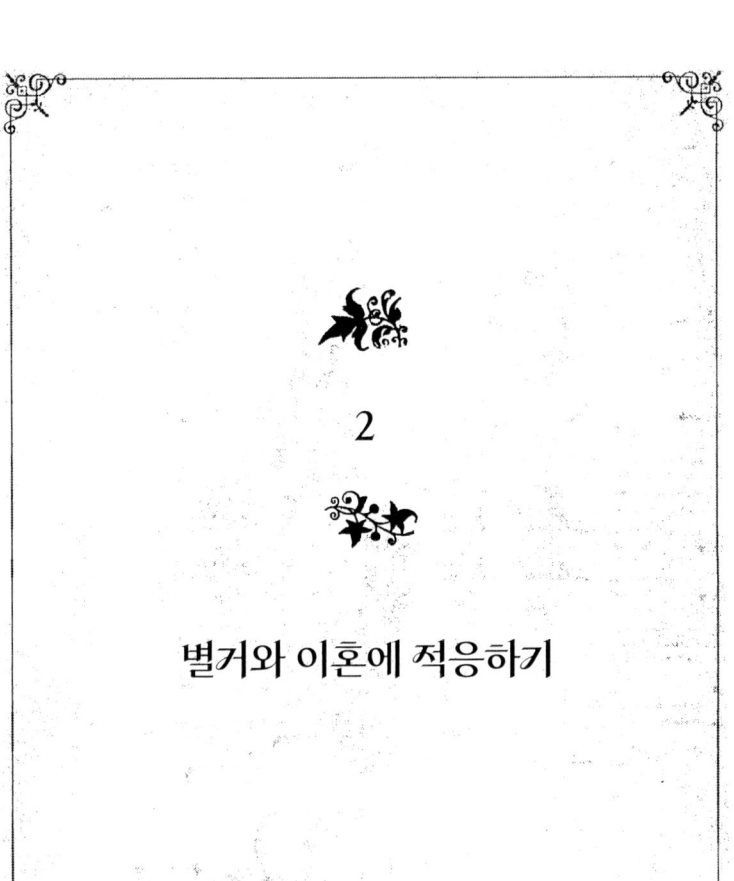

인간사가 그러하듯이 결혼, 별거, 이혼 등도 당사자들이 산술적으로 50:50과 같이 균등한 비율로 합의하는 경우는 거의 없다. 어느 쪽에서 먼저 의지가 표현되기 마련이고, 이에 상대가 선뜻 혹은 소극적으로 합의해 줌으로써 결정된다. 그러니 잘못된 운명을 상대 탓으로만 돌리는 것은 부질없는 일이다.

때로는 잘못된 만남, 잘못된 결혼 이전으로 되돌리고 싶은 마음도 들 것이다. 시간을 거슬러 올라갈 수 없는 엄연한 진리 앞에서 우리는 또 한 번 작아지기도 한다. 그러나 중요한 것은, 과거의 만남이 실패한 이유는 무엇일까? 호기심과 사랑, 사랑과 결혼의 차이는 무엇인가 등에 대해 성찰하는 것이 낫다. 그럴 때 우리는 과거와 화해하며, 과거의 경험을 성장의 계기로 삼을 수 있을 것이다.

니체의 책 주인공이면서, 니체의 아바타인 '차라투스트라'가 나이 서른에 산에 들어가 10년의 긴 성찰과 사색의 시간을 보냈다. 그리고 산에서 내려와 예전에 만났던 노인을 다시 만났다. 노인이 이런 말을 한다.

"나는 차라투스트라를 알아봤다. 그의 눈은 맑고 그의 입 주변에는 혐오도 보이지 않는다. 그가 춤추는 사람처럼 걸어가고 있지 않은가? 차라투스트라는 변했다. 그는 아이가 된 것이다. 그는 각성한 자(Erwachter)가 되었다."[6]

차라투스트라가 변했다는 것은 그가 고독과 성찰 속에서 가치전환을 했다는 것을 뜻한다. 돌싱 커플이라면, 별거나 이혼이 몰락이 아니라 성장과 새로운 출발의 계기가 된다는 것을 의미한다. 이러한 가치전환은 우리의 발걸음을 가볍게 하고 다시 춤추게 한다.

부부가 몸과 마음의 교감에서 오는 즐거움과 일체감이 없이, 서너 달 이상 갈등이 지속되면 관계를 근본적으로 재고할 필요가 있

---

6) ASZ, Erster Theil : Zarathustra's Vorrede, Nr. 2, s. 12.

다. 그리고 갈등 중인 부모가 자녀 앞에서 서로에 대해 지극한 미움을 표현하는 것은 아이들의 정서에 매우 해롭다. 아이들이 성장기 때 부모의 불화를 자주 목격하면, 훗날 부모와의 즐거운 기억이 없는 추억의 빈곤상태가 되기 때문이다. 아이들은 사랑의 정서 속에서는 사랑을 배우고, 미움의 정서 속에서는 미움에 능숙해진다.

증오는 민족과 국가 간에만 있는 추상적 감정이 아니라, 남녀 관계에서도 반복적인 미움의 형태로 그 모습을 드러낼 수 있는 것 같다. 오스트리아의 법정신의학자 라인하르트 할러(Reinhart Haller)는 증오의 파괴적인 힘에 대해 이렇게 말한다.

> "증오는 인간의 모든 감정 가운데 가장 원초적인 것이다. 증오는 상대의 존엄성을 짓밟고 조롱하며, 경멸하고 공감과 소통을 방해하며, 낙인을 찍어 고립시킨다. 증오는 집요하게 목적을 추구한다. 증오는 흔히 특정 인물이나 물건, 집단이나 민족, 이데올로기를 향하지만, 세계 전체 또는 심지어 자기 자신을 겨누기도 한다. 증오는 사랑을 상실한 반응, 공허함 탓에 빚어진 자포자기 또는 절망으로, 자기혐오로도 표출된다."[7]

---

[7] 최재천, 「주술과 저주, 파괴와 증오의 시대에 읽어 볼 만한 책」, 『프레시안』, (2025. 1. 18.).

삶의 황량함과 풍요로움

니체와 관련된 영화로 〈토리노의 말(The Turin Horse)〉[8]이 있다. 이 영화의 배경은 한마디로 황량함과 단조로움이다. 영화가 얼마나 지루한지, 잠을 잘 잤다고 하는 관객이 있을 정도다. 단조로움의 동일한 반복, 이것을 니체의 '영원회귀'로 해석하는 이가 많다. 새로울 것도 없어 보이는 단조로운 삶이 끝없이 반복될 것이라는 두려움은, 때로 사람들로 하여금 니힐리즘, 곧 허무주의에 빠지게 만든다.

영화에서 말이 죽고, 우물이 마르며, 계속되던 바람이 멈춘다. 불이 꺼지고 아버지와 딸이 오두막을 떠나기 위해 마지막 식사를 한다. 지옥의 묵시록이 종말을 고하는 것 같다.[9] 하지만 여기서 잠들지 않은 관객이라면, 사람들이 다시 활기찬 창조의 의지로 자신을 일으켜 세울 수 있다고 생각할 것이다.

이 영화의 모티브는, 니체가 채찍을 맞는 말을 불쌍히 여기다 졸도한 사건에 있다. 1889년 니체가 이탈리아의 토리노(Turin)에 머물

---

[8] "The Turin Horse" in Wikipedia, May 12, 2025.
[9] 장소현, 「철학적 예술영화 '토리노의 말'」, 『미주중앙일보』, (2023. 7. 21.).

고 있었다. 이때 그의 나이 45세였다. 어느 날 니체는, 한 마부가 채찍으로 자신의 삐쩍 마른 말을 사정없이 때리는 모습을 목격했다.

그 순간, 니체는 말이 가여워 한 걸음에 달려가 말의 목덜미를 부여잡고 마부에게 때리지 말라고 소리쳤다. 그리고 그 자리에서 기절했다. 이 사건으로 정신병이 생겨 11년간 앓다가 생을 마감했다. 그 기간 동안 정신을 회복하지 못해 저작활동을 포함한 일체의 정상적인 생활이 불가능했다. 이 영화는 2011년 베를린 영화제 은곰상, 국제비평가상을 수상했으며, 한때 한국의 전주 국제영화제에 초청되어 주목을 받기도 했다. 차라투스트라는 이렇게 말한다.

"인간은 짐승과 초인(Übermensch) 사이에 놓인 밧줄이다. 심연 위에 놓인 밧줄이다. 인간의 위대함은 그가 하나의 다리(Brücke)이며 목적이 아니라는 데 있다. 인간의 사랑스러움은 그가 과도기(Übergang)이며 몰락(Untergang)이라는 데 있다."

" … 나(차라투스트라)는 인식하는 사람을 사랑한다. 그는 언젠가 초인으로 살아가길 바라며 자신의 몰락을 원한다. … 나는 사랑한다. 상처가 났을 때도 영혼의 깊이를 잃지 않는 사람을. 그는 작은 체험에도 심정적으로 타격을 받는다. 그래서 즐거이 다리를 건넌다."[10]

인간은 짐승과 초인 사이에 놓인 밧줄이요, 다리와 같은 존재라는 말은, 니체 철학의 핵심 개념인 '위버멘쉬(초인)'[11]로 변해 가는 여정을 쉽게 표현한 것이다. 이는, 인간의 위대성이 자기성찰과 자기성장의 '결과'가 아니라 '과정'에 있음을 의미한다. 자기성장은 몰락을 원점으로 해서 다시 시작된다. 이를 위해 기본적으로 자신에 대한 존재인식이 필요하다. 그리고 삶에 상처를 입었을 때는 예민하게 반응해 심리적으로 타격을 받기도 하지만, 그 경험과 상처를 섬세하게 살펴 결국에는 극복해 낸다. 차라투스트라가 또 이렇게 말한다.

"오, 고독이여! 그대, 나의 고향 고독이여! 그대는 어찌 그리 행복하고 다정한 목소리로 내게 말하는가! 우리는 서로 캐묻지 않고, 서로 탄식하지 않으며, 우리는 서로 열린 문으로 함께 들락거린다."

---

10) ASZ, Erster Theil : Zarathustra's Vorrede, Nr. 4, s. 16.
11) 니체가 제시한 이상적 인간상으로, 기존 가치나 종교가 부과하는 삶에 안주하지 않고 스스로 새로운 삶의 의미와 목적을 찾아가는 인간이다. 평범한 인간을 넘어서는 자기초월적 존재의 뜻을 담고 있다(Über: 넘어서다, 초월하다 / Mensch: 인간).

" … (산속의) 고독에서는 존재의 말(Seins Worte), 그리고 말이 담긴 성지(Wort-Schreine)가 나를 향해 활짝 열린다. 여기서 모든 존재는 말(Wort)이 되려고 하며, 모든 생성(Werden)은 나로부터 말하는 방법을 배우려고 한다."[12]

니체가 고독을 고향으로 여기면서 친근한 것으로 느끼자는 메시지를 전하고 있다. 고독은 오히려 우리 자신에게 깊은 위로와 영감을 주는 것이기 때문에 그렇다. 특히 산속의 고독이 존재를 알리는 말(언어)을 건네고, 이 말은 다시 나와 풍요롭게 대화할 수 있는 성지(聖地)로서의 공간을 내게 열어 준다. 이렇게 내가 고독 속에서 사유할 때 변화와 생성(生成)의 길도 찾기 쉽다.

내가 별거나 이혼 전후에 있다면, 잠시 홀로 자가용을 몰고 한적한 카페를 찾거나 산행을 하면서 고독을 내 벗으로 삼아 대화하는 것도 좋다. 또는 홀로 가정 문제 상담소를 방문하여 많은 상담 사례를 접하면서 변화된 내 생활에 적응해 나간다.

---

12)   ASZ, Dritter Theil : Die Heimkehr, s. 208.

3

이혼 후 자녀 양육은 어떻게?

별거와 이혼 후의 자녀

돌싱남이 지난날 별거에 들어간 때를 회상하면서 자신의 심경을 고백한다. "내 딸이 4살 어린 나이일 때, 나는 아이와 아내에게 간다는 작별 인사도 없이 짐을 챙겨 집을 나갔습니다. 어린 딸이 나를 하염없이 기다리다, 엄마로부터 '아빠는 이제 오지 않는다'는 말을 듣고 여린 마음에 얼마나 실망이 컸을 지, 수십 년이 지나서야 절실히 깨닫습니다. 아내도, 싫었던 남편이지만 아이와 단둘이 남겨진 상황이 당혹스러워 마음의 갈피를 잡기 어려웠을 것입니다."

2023년 캐나다의 전 총리 저스틴 트뤼도(Justin Trudaeu)와 그의 아내 소피 그레고아르(Sophie Grégoire)는 18년의 결혼 생활을 마감하고 이혼을 발표했다. 그리고 트뤼도가 이렇게 말한다. "우리는 깊이 있고 진지한 대화를 나눈 끝에 이혼을 결정하게 되었습니다.

그러나 언제나 그랬듯이, 앞으로도 서로에 대한 깊은 사랑과 존경에 기반하여 가까운 가족으로 남을 것입니다. 부모로서 우리는, 아이들의 성장과 삶을 위해 변함없이 곁에 있을 것이며, 캐나다인들은 우리 가족이 함께 있는 모습을 자주 볼 수 있을 것입니다."[13)]

이들에게는 9, 14, 15세 자녀들이 있다. 이들은, 아이 앞에서 서로에 대한 실망이나 미움을 노골적으로 표현하는 것도 자제해 왔을 것으로 보인다. 이혼해도 자녀 사랑이 위기에 놓이지 않도록 하겠다는 따뜻한 마음이 느껴진다. 반면, 위 돌싱남은 별거나 이혼 후에도 자녀 사랑에 미숙했을 것 같다.

그럼 별거나 이혼 후에 어떻게 하면 자녀 사랑을 잘 실천할 수 있을까? 상황에 따라 다르겠지만, 헤어진 부부가 각각 걸어서 5~10분 정도의 거리에 집을 구하고 양육을 함께 하는 것이 바람직해 보인다. 요즘 한국에서도 이렇게 하는 사례가 실제 있는 것으로 파악되고 있다. 이런 경우를 '공동양육(co-parenting)'이라고 부를 수 있다. 이는 "양육자의 '독박 육아' 경험을 감소시킬 것이

---

13) Amanda Coletta, "Justin Trudeau, Wife Announce Separation after 18 Years of Marriage," Washington Post, August 2, 2023.

다."14)

2024년에는 한국에서 이를 공식적으로 권고하는 판결까지 나왔다. 서울가정법원 1심에서 내려진 것으로, "부부가 이혼했을 때 한쪽이 자녀의 양육권을 전부 갖는 것이 아니라, 양쪽이 비슷한 비율의 시간으로 자녀를 양육하도록 하는, 이른바 '공동양육' 방식을 인정한 것이다."15) 이런 사례가 이미 해외에서 있었는데, 한국에서도 확산될 전망이다.

미국과 유럽의 가족법 및 공동 양육 전문 매체인 'OurFamily-Wizard'에서는, 네덜란드 위트레흐트(Utrecht) 대학의 가족사회학자 앤리그트 푸트맨(Anne-Rigt Poortman) 교수의 연구를 인용해, 공동양육 부모(co-parents)가 가까이 살면서 집을 오가는 것이 자녀들에게 긍정적인 영향을 준다고 보도한 바 있다.16) 또한 영국

---

14) 최유나, 원해솔, 이주영, 성지은, 「외손자녀 양육을 통해 워킹 맘인 딸을 지원하는 60대 여성에 대한 사례연구」, 『사회과학연구』 제31권 3호.(2020), p.233.
15) 심영구, 「'성탄절은 아빠, 생일은 엄마랑' 공동양육 방법까지 명시한 판결 나왔다」, 『SBS NEWS』 (2024. 9. 19.).
16) Danielle Kestnbaum JD and MSW, "Long-Distance Custody Schedules: Examples, Logistics & Expert Advice," accessed June 14, 2025.

BBC는 공동 육아를 위한 8가지 팁을 알려 주기도 한다.[17]

그러면 아이에게는 엄마 집과 아빠 집 두 곳에 자기 방이 생길 수도 있다. 자녀가 자기 방이 두 개라고 친구들에게 자랑하는 사례는 30여 년 전 미국의 한 신문에도 소개된 적이 있었다. 부모와 자녀가 정드는 가장 확실한 방법은 아이의 성장기에 부모가 곁에 있어 주는 것이다. 하지만 공동 육아를 해도, 부모가 육아 시간과 경비를 50:50으로 늘 절반씩 나누기가 쉽지는 않을 것이다. 그래서 60:40, 70:30 등으로 차이를 보일 수 있겠다.

그리고 별거하는 부부일 경우, 자녀가 한 명이라면 아이가 장차 홀로 삶의 파도를 헤쳐 가며 살아 낸다는 것이 쉽지 않을 것임을 짐작해 본다. 그리고 서로 애정이 남아 있다면, 자녀를 한 명 더 낳아 훗날 서로 의지하며 살게 하는 것 또한 훌륭한 선택이다. 이 과정에서 부부간 애정도 더 강화될 것이다. 출산이 여의치 않다면 일찌감치 입양을 하는 것도 좋을 것이다. 이를 위해 국가와 지방자치단체기 입양을 활성화할 뿐만 아니라, 입양에 대한 인식을 개선하려는 실질적인 노력을 기울여 줄 필요가 있다. 차라투스트라

---

[17] "What Is Co-Parenting? Expert Advice on How to Co-Parent Positively," BBC Tiny Happy People, accessed June 14, 2025.

는 이렇게 말한다.

"모든 것은 부서지고 또 새로이 맞춰진다. 동일한 존재의 집이 영원히 지어진다. 모든 것은 헤어졌다 다시 만나 인사를 나눈다. 존재의 바퀴는 영원히 자신에게 충실하다. 매 순간 존재가 시작된다. 모든 여기를 중심으로 저기의 공이 굴러간다. 중심은 도처에 있다(Die Mitte ist überall). 영원의 길은 굽어 있다."[18)]

이 대목은 니체의 '영원회귀' 사상을 읽을 수 있는 곳이다. 앞서 언급한 영화 〈토리노의 말〉을 연상하면 될 것 같다. 세상 모든 것은 한번 끝나도 다시 시작된다. 존재적 삶의 형식은 계속 반복된다. 반복이지만 매 순간이 차이에 의해 새롭게 시작된다. 부부가 헤어졌지만 자녀를 중심으로 존재의 바퀴는 계속 돈다. 결혼, 비혼(독신), 사실혼, 성 소수자 가정, 한 부모 가정이 모두 우열의 차가 없는 가족 형태의 하나다.

결손가정이 따로 있는 것이 아니다. 그래서 '중심은 도처에 있는 것'이다. 그리고 니체가 '영원의 길이 굽어 있다'고 한 것은, 삶이란

---

18) ASZ, Dritter Theil : Der Genesende, Nr. s. 242. / 박찬국, 『차라투스트라, 그에게 삶의 의미를 묻다』, (세창출판사, 2021), p. 256-257.

사후 세계까지 직선으로 연장되는 것이 아니라 현세에서 돌고 도는 것, 즉 영원이 회귀하는 것을 의미한다. 여기서 운명애(運命愛)가 발휘된다. 곧 매 순간 자기 삶을 주체적이고 창조적으로 살아갈 의지를 갖는다.

연못에 돌을 던지면, 돌이 떨어진 '여기'에서 파문이 퍼지고, 다른 곳에 돌을 던지면 그곳이 또 하나의 중심이 되어 새로운 파문이 인다. 한 곳의 변화가 다른 곳 '저기'까지 영향을 준다. 우리의 삶도 그렇게 유기적으로 영향을 주고받는다.

위 돌싱남은 여섯 살 된 딸을 데리고 서울의 한 전자상가에 들러 노트북 컴퓨터를 한 대 사 주었다. 그리고 딸을 자가용에 태워 자신의 원룸 집으로 와 하루를 보냈다. 딸이 아빠에게 요청한다. "아빠, 엄마 그리고 나 이렇게 셋이 함께 살았으면 좋겠어." 아빠는 "그래? 생각해 볼게" 하고 말했다. 하지만 아빠는 어린 딸의 말을 진지하게 고민할 줄 몰랐다.

돌싱남은, 아이가 오랫동안 아빠에게 이 말을 하려고 여러 날 다짐했을 것이며, 드물게 만나는 기회에 잊지 않고 있다가 얘기한 것임을 이해하지 못했다. 별거와 이혼 상태에서 성장기를 보낸 아이는 아빠의 정을 느끼지 못하고 성인이 되었다. 이 딸이 이성을 잘 만나 행복을 느낀다고 해도 평생 아빠의 자리는 비어 있을 것이다.

누가 자녀를 맡을 것인가?

미담 사례를 하나 든다. 이혼을 앞둔 부부가 고교생 큰 딸 그리고 초등학생 아들과 함께 식탁에 앉아 있다. 아빠가 심각하지만 담담한 표정으로 아이들에게 묻는다.

"얘들아, 엄마랑 아빠가 잘 지내려고 많이 노력했어. 하지만 이제는 함께 지내는 것이 서로에게 버겁고 상처만을 남길 것 같아. 너희들도 엄마와 아빠가 왜 헤어질 수밖에 없는지 짐작은 했을 것 같구나. 하지만 엄마와 아빠가 헤어져도 너희들을 아끼고 사랑하는 것은 변함없이 계속될 거야. 그러니 너희들이 크게 힘들어하지는 않았으면 좋겠어. 엄마와 아빠 중 누구와 함께 살지 얘기해 줄까? 좀 더 생각해 보고 얘기해도 돼."

아이들은 밀려오는 슬픔과 충격을 삼키며 말한다. "아빠와 함께 살고 싶어"라고 했고, 아빠는 "그래. 그렇게 하자!" 하며 다독였다. 아빠는 평소 다정했고, 아이들에게 스트레스 주지 않는 성향을 지니고 있는 듯했다. 그리고 양육과 직업을 조화시키기 위해 개별 화물 운송업을 택했다. 이에 따라 아빠는 화물 운송 자격증을 취득하고 1톤 트럭도 구입했다. 자녀 양육을 위해 직업을 바꾼 것이다. 아이들은 건실하게 자라 딸은 간호사가 되었고, 아들은 군 복무를 무사히 마치고 회사에 취업했다. 종종 딸과 아들은 "아빠가 최고!"라고 말한다.

18세기 프랑스 철학자 장 자크 루소(J. Rousseau)는, 사실혼 관계의 연인 테레즈(Thérèse Levasseur)와의 사이에서 5명의 아이를 낳아 모두 고아원에 보냈다. 당시 프랑스에서 고아원에 보내는 일이 드물지는 않았다고 해도, 루소의 행위는 그가 이미 저명한 계몽사상가의 위치에 올라 있었기 때문에 더욱 더 사회적으로 지탄을 받았다.

이후 그는 참회하는 마음으로 『고백록(Confessions)』을 썼다. 그래서 자녀는 엄마든 아빠든 직접 양육하는 것이 가장 좋다. 자녀 양육이라는 기본 도리를 잊으면, 루소나 앞의 돌싱남처럼 생애 내내 아픔을 안고 살게 된다. 차라투스트라는 이렇게 말한다.

"인간은 가장 용기 있는 짐승이다. 이 용기에 의해 인간은 모든 동물을 넘어섰다. 인간의 고통(Schmerz)이 가장 깊은 것이지만, 인간은 군악 소리와 함께 모든 고통을 넘어섰다. 용기는 심연의 현기증도 죽인다. 인간이 어디에 서 있건 심연(Abgründen) 아닌 곳이 있는가? 보는 것 자체도 심연을 보는 것이 아닌가? 용기는 최고의 살해자(Todtschläger)로서 동정도 살해한다. 인간은 삶을 깊이 통찰하는 만큼 고뇌도 깊이 통찰한다. 용기는 죽음마저 죽인다. '이것이 삶이었던가? 좋다! 그러면 다시 한번 더!(War das das Leben? Wohlan! Noch Ein Mal!)'라고 말한다."[19]

삶은 어디에나 고뇌가 있게 마련이다. 별거나 이혼이 삶의 고통인 것은 맞지만 고통의 전부는 아니다. 그리고 고통을 회피하면 삶의 상승은 없다. '심연을 본다'는 것은 고뇌의 원인과 양상을 깊이 본다는 것을 뜻한다. 고뇌를 극복하려면 먼저 고뇌를 잘 인식해야 한다. 니체는 연민의 대상에 대해 힘을 약화시킨다는 이유로 단순한 동정(同情)을 강도 높게 비판한다. 그래서 용기로 동정을 물리치자고 한다. '군악 소리'는 바로 그 용기에 대한 비유다.

---

19) ASZ, Dritter Theil : Vom Gesicht und Räthsel, Nr. 1, s. 176-177.

이때 '처음처럼 되지 않는 것도 인생이구나', 아니 '어쩌면 이것이 진짜 인생이구나' 하면서 긍정할 수 있을 것이다. 고뇌, 고통을 대하는 방식에서 쇼펜하우어와 니체는 갈린다. 쇼펜하우어는 고뇌를 피할 대상으로, 니체는 극복의 대상으로 보았기 때문이다.

가정의 변화를 겪는 당사자들은 종종 자녀 양육이 짐처럼 느껴질 수 있다. 이는 별거나 이혼으로 인한 아픔을 감당하기 어려워 스스로 삶의 의욕을 상실한 데서 비롯된 것일 수 있다. 그러나 바로 이 지점에서, 니체의 말처럼 심연의 고뇌를 깊이 바라보고 '고통이란 극복하라고 있는 것'이라고 생각할 수 있다. 이럴 때 비로소 자녀의 존재가 다시 눈에 들어올 것이다.

자녀를 양육할 마땅한 의무, 신성한 의무를 다하는 것은 부모와 자녀가 서로 평생 사랑하도록 만드는 가장 탄탄한 길이기도 하다. 그런데 인간의 양육기간이 짧지 않다. 이 부분도 니체의 관점에서 의미를 파악해 볼 수 있다. 니체는 삶을 '끊임없이 생성·변화하는 실재'로 본다. 고정된 본질이나 목적은 없고 변화와 창조의 과정이 있을 따름이라고 한다.

이런 맥락에서 자녀 양육은 단지 육체의 성장만을 의미하는 것이 아니라, 자녀가 이러한 변화의 힘을 축적하는 '생성의 시간'이라 할 수 있다. 그렇다면 이 시간을 함께 한다는 것이 여간 고귀한 덕(德)이 아닐 수 없다. 공자(孔子)도 말했듯이 덕 있는 자는 외롭지 않다. 차라투스트라가 또 이렇게 말한다.

> "삶이 진정 무의미하고 내가 이 무의미를 선택할 수밖에 없다면, 이것은 내게도 가장 선택할 만한 가치가 있는 무의미다. 사람들이 (무의미를 조장하는 안일한) 덕의 교사를 찾았을 때 그들이 무엇을 얻으려했는지 알겠다. 그것은 바로 좋은 잠 그리고 양귀비꽃과 같은 덕이었다! 명성이 자자한 현인들과 덕의 교사들이 설파하는 지혜는 '꿈 한 번 꾸지 않고 자는 잠(Schlaf ohne Träume)'이다."[20]

니체의 위트 있는 풍자가 돋보이는 대목이다. 여기서 명성을 지닌 현자와 덕의 교사들은 부정적으로 쓰였다. '꿈도 안 꾸고 자는 잠'을 꿈으로 여기는 삶의 방식, 이것은 범속하고 안일한 삶의 전형이다. '양귀비꽃과 같은 덕'은 마약처럼 잠시 위로와 평온을 줌으로써, 현실의 고통과 무의미를 직시하지 못하게 하는 수동적인 도덕이다. 생이 본래 무의미한 것이라면 니체 자신도 지극한 무의

---

20) ASZ, Erster Theil : Von den Lehrstühlen der Tugend, s. 34.

미를 추구할 수 있다고 한다. 안일한 삶, 그것은 곧 무의미와 다르지 않다.

　말로 표현할 능력이 없는 어린 자녀들은 가정의 변화를 몸으로 겪으며 힘들어 한다. 이 사실이 부모로 하여금 안일함에 머물 수 없는 이유일 것이다. 자녀 양육은 자녀에게 사랑을 주는 것뿐만 아니라, 부모가 자녀로부터 삶의 의지와 희망을 받으며 함께 성숙해 가는 것이라고 할 수 있다.

자녀의 양육비는?

보통 비양육 부모는, 자녀가 엄마나 아빠 중 한 명과 함께 지내면 괜찮을 것이라고 생각하는 경향이 있다. 그러나 실제로 아이들은 부모 중 한 명만 없어도 내면에 상당한 정도의 상실감과 외로움을 안고 지낸다. 이러한 감정은 성장기 내내 아이의 마음속에 남아 있다가 성인이 되어 눈물로 표현되곤 한다.

부모는 뒤늦게 아이의 외로움이 서러움으로, 그것은 다시 성격 발달에까지 영향을 줄 수 있음을 깨닫는다. 게다가 성장기 때 자녀가 부모에게 번갈아 가며 학비를 달라고 하면서 지내게 하는 것은 아이를 정신적으로 더 힘들게 한다. 이 경험도 훗날 회상하고 싶지 않은 기억이 되어 부모 자녀 관계를 해친다. 그래서 비용 일체는 부모끼리 잘 합의하는 것이 상책이다.

비양육 부모는, 자녀와 함께 살며 돌봄을 해야 함에도 그렇게 하지 못하는 데서 오는 미안함을 생각해서라도 자녀가 사고 싶어 하는 장난감, 전자 기기, 애완동물 등을 대부분 사 주면 좋겠다. 아이가 개나 고양이 한 마리를 키우는데 그 동물이 외로워하는 것 같다고 하면서 한 마리 더 사 달라고 할 때가 있다. 이것은 아이가 개를 통해 자신의 외로움을 표현하는 것이라고 볼 수도 있다. 이내 양육 부모와도 상의하여 애완동물을 구해 주는 것이 좋을 것이다.

떨어져 사는 아빠 혹은 엄마는, 자녀에게 더 자주 "요새 용돈 부족하지 않니? 수학여행 간다며? 엄마랑 아빠랑 비용이 부족하지 않게 줄게. 학교에서 장학금 받았다고? 축하해…." 이렇게 부모가 곁에 있는 것처럼 원활하게 소통한다.

자녀가 대학 생활 중에 어학연수, 교환학생, 유학, 대학원 진학 등을 얘기하면서 비양육 부모에게 학비를 요청할 때도 있을 것이다. 부모가 공동으로 양육할 때도 자녀가 누구에게 얘기해야 할지 망설일 수 있다. 이때 비양육 부모의 경우, 자녀와 떨어져 살면서 정이 들지 않아 선뜻 내키지 않을 수도 있다.

그러나 한쪽 부모의 정을 충분히 받지 못하고 성장하는 아이에게 학비라도 제대로 잘 대 줘야지 하고 생각하는 것이 부모의 기본적인 도리라 할 수 있다. 여건에 따라 차이가 있겠지만, 1년 정도 교환학생으로 갈 때는 전폭 지원하고, 수년 이상의 유학이라면 전 배우자와 상의하여 절반씩 부담하는 등 경제력에 따라 지원할 수 있을 것이다. 아이가 배움의 욕망을 갖고 있다는 것은 훌륭한 자기애의 표현이다. 일반 가정에서도 부모가 자녀의 배움에 대해 끝까지 격려하는 사례가 얼마든지 있다. 때로는 집을 팔아 뒷바라지하면서 전월세를 사는 경우도 있다.

니체는 인간의 근본적인 특성을 힘에의 의지(Wille zur Macht, Will to power)로 본다. 인간은, 자기 자신을 끊임없이 극복하고 더 나은 존재가 되기 위한 창조적 충동을 갖고 있다고 보는 것이다. 돌싱 커플은 함께 변화의 고통을 겪었던 점을 감안해서, 자녀에게 더한 정성으로 배움과 성장에의 욕구가 발현되도록 전적으로 지원하는 것이 좋다고 생각된다. 차라투스트라는 이렇게 말한다.

"오, 내 머리 위의 하늘이여! 맑은 자여! 높은 자여! 그대의 맑음은 내게 영원한 이성의 거미(Vernunft-Spinne)와 거미줄이 없다는 것을 의미한다. 그대는 내게 신성한 우연의 무도장(Tanzboden)이다. 그대는 내게 신성한 주사위와 주사위 놀이꾼을 위한 신의 도박대(Göttertisch)다."²¹⁾

하늘이 맑다는 것은, 이성에 의한 논리나 필연적 법칙이 이제 더 이상 나를 얽어매고 있지 않다는 것을 말한다. 자유로운 상태 곧 우연(偶然)만이 남았다. 우연에서 자기실현과 자기초극이 될 조건이 되니 우연은 신성한 것이다. 하늘은 인간에게 신성한 우연들이 춤추는 무대와 같다. 삶에는 정해진 법칙이 아니라, 예측할 수 없는 우연이 가득하기 때문이다. 또 하늘은 우연의 주사위 놀이가 가능한 신의 도박대다. 그래서 하늘은 우연의 상징이다.

그렇다면 돌싱 커플의 자녀들도 이 우연의 자유로운 무대요 도박대에 있는 셈이다. 양육과 교육에 현실적 한계가 있기 마련이지만, 한계를 넘는 것 또한 춤추는 위버멘쉬의 속성이다. 끝까지 자녀를 뒷바라지하는 부모는, 바로 이 주사위 놀이가 상징적으로 표현하는 '꿈'을 맘껏 펼치도록 돕고 있는 것이다.

---

21) ASZ, Dritter Theil : Vor Sonnen-Aufgang, s. 185.

부모의 위대성, 자녀에 대한 신성한 긍정

차라투스트라가 이렇게 말한다.

"모든 위대한 것은 시장(Markte)과 명성(Ruhme)으로부터 멀리 떨어진 곳에서 가능하다. 옛날부터 새로운 가치의 발명자들, 역시 시장과 명성을 떠난 곳에서 살아왔다. 나의 벗이여, 그대의 고독으로 달아나라."22)

모든 위대한 지성, 예술, 헌신, 발명 등은 타산적 계산과 명성을 멀리할 때 가능하다. 문화예술 및 학문의 업적을 위해 어느 것은 희생이 불가피한 때가 있을 수 있다. 하지만 우리는 루소(J. Rousseau)의 사례를 통해 직업적인 일이나 명성으로 인해 자녀의 존재가 뒷전으로 밀려나서는 안 된다는 점을 짚을 수 있었다.

1959년 UN 총회에서 '아동인권선언'을 채택, 선포했는데 이 역시 안전히고 건강한 양육 환경 조성과 양육비 지원을 힘 있게 권고하는 국제 선언이라는 데 의미가 있다. 그렇다면 비양육 혹은

---

22) ASZ, Erster Theil : Von den Fliegen des Markets, s. 59.

공동양육 부모는 아이들의 방학 때, 좀 더 충분한 시간 동안 함께 지낼 수 있도록 직장 업무 일정을 조정하는 등 사전 준비가 필요해 보인다. 차라투스트라는 또 이렇게 말한다.

"어린아이는 순진무구요 망각이며 새로운 시작, 놀이, 스스로의 힘에 의해 돌아가는 바퀴이며 최초의 운동이자 거룩한 긍정이다. 그렇다 형제들이여, 창조의 놀이를 위해서는 거룩한 긍정이 필요하다."23)

니체는 '어린아이의 정신'을 자유정신의 표상으로 간주한다. 왜냐하면 어린아이는 무엇이든 새롭게 시작할 수 있고, 스스로 움직이며, 세상에 대해 '예!'라고 말하면서 긍정하는 태도를 갖고 있다고 보기 때문이다. 양육비의 차원을 넘어, 현재 새로운 커플과 함께 산다면, 상대에게도 이해를 구하고 자녀를 만나러 가고 또 데려와서 함께 지내기도 한다.

아이가 초·중·고교생이라면 학교의 담임 선생님도 찾아가 성격,

---

23) 백승영, 「니체 '차라투스트라는 이렇게 말했다'」, 『철학사상』 제2권 제10호, (서울대학교 철학사상연구소, 2003), p.203(원출처: Nietzsche Werke, Kritische Gemamtausgabe, hrsg. von. G. Coli und Montinari, Berlin/New York 1967ff, 26:3-27:15.).

생활, 교과 공부를 상담한다. 이것은 가족이라는 공동체의 바퀴가 스스로 돌아가고 있음을 의미한다. 바로 이러한 생활 속 실천이 자녀에 대한 신성한 긍정이며, 부모의 위대성을 보여 주는 것이라 할 수 있다.

자녀는 부모의 미래

어린 자녀는 부모에게 삶의 이유가 되며, 성장한 아이는 부모에게 더 큰 삶의 기둥이 된다. 부모가 노후를 맞이하면 그 정도가 더 강화된다. 누구나 나이 들면 필연적으로 쇠약해지고 고독과 질병은 노인을 무기력하게 만든다. 숟가락을 드는 힘, 침대에서 일어나는 힘, 화장실에 가기 위해 걷는 힘조차 없어질 때가 오는 것이다. 이때 자녀와 부모간 보호자의 위치가 역전된다.

자녀는 질병과 노환으로 거동이 불편한 부모를 위해 휠체어를 밀어 주면서 병원 치료를 도맡을 뿐만 아니라, 말벗이 되어 노년의 뿌리치기 어려운 외로움을 극복해 줄 것이다. 요양원에서 병원 진료 갈 때도 보호자를 찾는데, 이때 자녀가 1순위다. 자녀는 국가

의료 보험이 다가가지 못하는 치료비까지 부담기기도 한다. 요양원 음식이 좋아져도 영양과 맛이 동시에 좋을 수 없다. 이를 보충할 사람 역시 자녀다. 요양사가 그 빈자리를 채워 주지 못하는 것은 당연하다.

 최종적으로, 나의 임종과 죽음 이후의 처리를 책임질 사람도 내 배우자와 자녀다. 자녀는 부모 삶의 최후 종결자인 것이다. 자녀가 일어서서 걷는 데 부모의 존재가 필수적이라면, 역으로 쇠약해진 노인이 일어서는 데 자녀의 존재가 필수적이다. 자녀가 부모의 미래라고 보는 이유가 여기에 있다. 결국, 양육비와 자녀 돌봄은 이런 생의 여정이 가능하도록 뒷받침하는 바탕이 된다.

자녀가 잘 지내지 못할 때는?

가정의 변화를 겪는 아이들이 무관심, 방임, 차별에 노출되는 사례가 있다. 별거나 이혼으로 함께 살지 않는 자녀가 명랑성을 잃었다거나, 양육 부모가 종종 긴 시간 집을 비워 홀로 남겨져 아이가 무서움을 호소할 수도 있다.

이때 공동 육아 혹은 비양육 부모는 즉시 대응할 수 있어야 할 것 같다. 아이로부터 도움을 바라는 전화가 오면, 택시라도 타고 가서 아이를 안아 주고 위로한다. 물론 아이의 표현능력이 생기기 전인 어릴 때부터 살펴야 한다. 그리고 근본적인 대책을 강구한다. 이때도 삶의 멘토를 찾는 것이 도움이 될 것이다.

정신의 3단계 변화

여기서 니체가 제시하는 정신의 3가지 변화를 얘기할 수 있다. 낙타, 사자, 어린이형 인간형이 그것이다. 비유컨대, 낙타형은 기존의 관습에 순응하며, 지배적인 가치관과 도덕의 짐을 기꺼이 짊어지는 존재다. 반면, 사자형은 사회를 지배하는 편향된 관습과 도덕, 시대적 가치가 요구하는 의무에 저항하며 자유를 쟁취하려는 존재다.

마지막으로, 앞서 잠깐 보았듯이, 어린이형은 죄의식과 무관한 천진스러운 존재, 새로운 시작과 놀이, 자발성의 상징이며, 삶 그 자체를 긍정하고 자신의 규칙에 따라 살아가는 존재다. 이 단계가 진정한 위버멘쉬(Übermensch, 초인)의 상태다. 낙타는 사자로, 사자는 어린이로 변할 수 있다. 차라투스트라가 이렇게 말한다.

"예전에 정신은 '마땅히 해야 한다'를 가장 신성한 것으로 여겨 사랑했다. 이제 정신은 그 신성한 것에서 미망(Wahn)과 자의(Willkür)적인 것을 찾아내야 한다. '의무에 대한 사랑'에서 자유를 강탈하기 위해서다. 이 강탈을 위해 사자(Löwen)가 필요하다."[24]

---

24) ASZ, Erster Theil : Von den drei Verwandlungen, s. 30.

미망(迷妄)은 진실을 못 보는 왜곡과 착각의 상태다. 니체가 비판한 대표적인 미망이 플라톤의 이데아와 천국이다. 이 개념들은 모든 절대적인 도덕이나 우상을 상징적으로 표현한다. 가부장제 역시 미망과 허구적인 가치의 구조물이다. 오늘날에도 여전히 자녀 양육은 여성의 몫이라는 고정관념이 존재한다. 이런 관념이 도덕의 이름으로 오랫동안 신성시되어 왔다. 니체는, 우리가 '신성한 것'으로 받아들이는 도덕이 사실은 망상(妄想)이나 자의적(恣意的)인 판단의 결과가 아닌지 의심해 보자고 한다.

니체의 관점에서, 엄마가 자녀를 양육하는 것은 신성한 것이지만, 그렇게 해야만 한다는 도덕은 신성한 것이 아니라는 것이다. 이 도덕을 신성하고 당연한 것으로 여기면, 경제력이 부족함에도 불구하고 엄마가 양육을 도맡게 된다. 그러면 엄마가 일과 양육을 병행하다 모두 부실해질 수 있다는 것이 문제다.

자녀의 양육 환경이 못 미치는 것이 확인되었다면, 이를 개선하는 용기가 필요하다. 공동 육아를 할 경우에도 마찬가지다. 일단 부모 모두가 각자의 물리적, 심리적, 문화적 환경을 고루 개선하는 것이 필요하다. 차라투스트라는 '어린이와 결혼'에 대해 이렇게 말한다.

"나는 그대 영혼의 깊이를 재기 위해 측심연(Senkblei)을 그대의 마음에 넣는다. 그대는 어린이를 원할 만큼의 인간인가? 그대는 승자, 자기극복, 관능의 통치자(Gebieter der Sinne), 덕의 지배자인가? 혹시 (결혼을 원함에 있어) 외로움 때문에? 그대 자신에 대한 불화 때문에? 나는 그대의 승리와 자유에 대한 살아 있는 기념비로서 아이 낳는 것을 바란다. 그대는 보다 고양된 육체(höheren Leib), 제1운동, 스스로 구르는 바퀴를 창조해야 한다. 그대는 창조하는 자를 창조해야 한다."25)

측심연(測深鉛)은 영혼의 깊이를 재는 도구로 쓰인 개념이다. 니체는 결혼과 출산을 단지 외로움이나 자기 결핍을 채우기 위해서가 아니라, 연인 각자의 자기극복이 된 후에 결정하자고 한다. 이것은 남녀의 화합과 자기통제의 습관, 자녀의 임신과 출산, 섭생과 인성적 배려 등의 양육방법, 교육관에 이르기까지 전반적으로 성숙한 자격을 요청하는 것이라 할 수 있다.

니체는 또 정신적·문화적인 의미에서 종(種)의 향상을 강조한다. 따라서 '창조하는 자를 창조해야 한다'는 것은 자녀가 '제1운

---

25) ASZ, Erster Theil : Von Kind und Ehe, s. 80.

동' 즉 자유정신에 따라 독립적이고 창의적으로 사고할 수 있는 존재로 키우자는 것으로 이해할 수 있다. 미국 워싱턴 호워드 (Howard) 대학, C. C. 베어해런(Verharen) 교수는, 위버멘쉬 대신 위버킨더(Überkinder)[26]라는 제목하에 니체와 스웨덴의 환경운동가 G. 툰베리(Greta Thunberg)를 비교한 적이 있다.

'니체는, 철학의 임무가 학생들로 하여금 자기 삶에 대해 새로운 방식으로 창조하도록 돕는 것이라고 했다. 또 니체는 1800년대 독일 중등교육에 대해, 교사가 과잉상태로 늘어나고, 학생들은 단지 교사를 모방하는 데 그치고 있어서 획일화된 모습을 보여 준다고 비판했다. 그래서 학생들은 대중화된 공교육으로부터 적절히 거리를 두고, 학생들 스스로의 삶과 생활에 대해 질문하고 탐구할 수 있도록 산 교육의 장이 마련되어야 한다고 했다.'

'그런데 툰베리가 공교육에 대해 일정한 불신을 보여 주었다. 기존의 학교 교육이 지속 가능한 삶과 환경의 문제를 해결하는 것이

---

[26] 위버멘쉬(Übermensch)는 독일어로 'Über(~을 넘어서, 초월하여)'와 'Mensch(인간)'의 합성어로, 니체 철학의 주요개념이다. 이는 기존 도덕과 사회규범의 한계를 뛰어넘어 가치전환, 가치창조를 하는 이상적 인간상이다. 때로 초인으로 불리기도 한다. 위버킨더(Überkinder)는 독일어로 'Über'와 'Kinder(아이들)'를 합친 말로, 보통의 아이들을 초월한 자유롭고 창조적인 아이를 의미한다.

아니라 그것을 어렵게 한다는 것 때문이다. 이에 그녀는 15살부터 기후 생태의 위험성을 알리는 목소리를 냈다. 베어해런 교수는, 툰베리의 행위가 공교육에 대한 회의와 자기창조의 교육적 배려를 강조한 니체의 교육관에 부합한다고 보았다.'[27] 논문 제목에 쓰인 '위버킨더'도 일반적인 아이를 넘어선다는 뜻을 담고 있어 눈길을 끈다.

자녀 양육의 기본 요건은 사랑의 정서 속에서 아이와 성장기를 같이 보내는 것이다. 그래서 함께 먹고, 자고, 놀이하고, 여행 다니며 대화하는 것이 필수적이다. 하지만 이러한 간명한 원칙을 지키지 못하는 사례가 적지 않다.

참고로, 사랑의 정서가 지나치면 안 될 때가 있다. 아빠는 딸을, 엄마는 아들을 몇 살까지 목욕을 시켜 줄 수 있을까 하는 것이다. 보통 초등학교 입학 전까지는 무난하다고 여겨진다. 그런데 요즘 아이들이 좀 더 이른 시기에 성적 자각과 정체성이 발달하고 있다는 점에 주목할 필요가 있다. 그래서 스스로 목욕할 수

---

[27] Charles C. Verharen, "Die Überkinder : Nietzsche and Greta Thunberg, Children and Philosophy", pp.883-885. ⓒ 2021. Journal of Philosophy of Education published by John Wiley & Sons Ltd, Great Britain.

있다면, 5~6세 때도 이성 부모와 목욕을 함께 하지 않는 것이 안전하다. 그렇지 않을 경우, 아이가 성장한 이후 어떤 계기에 의해 기억을 되살려 성적 수치심을 느낄 가능성이 있기 때문이다.

가정교육의 한 가지 방식

가정교육에서 중요한 것을 정리해 보면 이렇다. 부모가 유아기 때부터 분명한 발음으로 자녀의 언어습득을 돕는다. 다음으로 침대에서 부모가 이야기책을 읽어 준다. 부모가 책을 읽어 주면, 우선 정서적으로 친화력이 생길 뿐만 아니라 자녀의 인지발달이 빠르게 진행된다. 장난감도 재미와 지능발달이 동시에 가능한 것으로 골라 사준다. 독서는 언제나 연령대에 맞춰 계속된다.

유아기부터 독서를 생활화하면 아이는 언어 개념을 풍부하게 습득할 수 있다. 단어가 풍부하다는 것은, 아이가 다양한 사건이나 상황을 빠르게 이해할 뿐만 아니라, 상상력도 잘 발휘할 수 있음을 의미한다. 이러한 독서 및 문화적 경험은 초·중·고 학생들의 교과학습 및 인성발달 전반에 긍정적으로 작용한다.

미국 LA 캘리포니아 대학의 제시 로스타인(Jesse Rothstein) 교수는, 부모가 유아기 때 침대에서 읽어 주는 책 읽기(bedtime reading), 소설 읽기, 수학 공부, 박물관 탐방, 과학 여름캠프 등이 의미 있는 결과로 이어진다고 했다. 즉 이런 문화적 경험이 대학수학능력시험(SAT)의 결과로 나타난다고 보는 것이다.[28] 물론 아이가 시험기계로 성장하는 것은 경계할 일이다.

그런데 한국에서 4세에 영어학원 입시를 치르고, 7세에 영어와 수학 학원 입시를 치르는 기현상은 다분히 어린이의 정신건강에 해롭다. 일찍 경쟁에 노출되면 우울증, 불안장애 등이 생길 수 있기 때문이다. 반면, 모든 자녀들이 그렇게 할 필요는 없지만, 유년기에 아이에게 외국어 관련 자료를 접하게 한 뒤 호기심을 보인다면, 놀이처럼 외국어를 익힐 수 있도록 도울 수는 있을 것이다.

니체가 공리주의는 비판했지만, 공리주의자 존 스튜어트 밀(Mill)의 유년 시절 교육을 보면 니체도 인정할 것으로 보이는 특성이 있다. 밀은 아버지 제임스 밀의 엄격한 교육관 아래, 세 살 때부터 그리스어를 배우기 시작했고, 여덟 살에는 그리스어로 이솝 우

---

28) Claire Cain Miller and Francesca Paris, "New SAT Data Highlights the Deep Inequality at the Heart of American Education," The New York Times, October 23, 2023.

화와 헤로도토스의 역사 전집을 읽을 정도로 언어에 능숙했다.

또한 어린 시절부터 라틴어, 유클리드 기하학, 그리고 다양한 고전 문학과 철학서를 접하며 지적 성장기를 보냈다. 이러한 배경은 그가 세계적으로 널리 읽히는 명저 『자유론』을 집필하는 데 중요한 밑거름이 되었다고 평가할 수 있다. 밀의 조기 언어교육과 고전 중심의 독서 경향은, 그의 지적 역량을 끌어올리는 데 긍정적으로 작용했을 것이다. 이는 니체가 강조한 '자기초극'과도 일정 부분 맞닿아 있다.

니체 역시 어릴 적부터 언어에 뛰어난 재능을 보였다. 1858년 14살 때 명문 기숙학교 슐포르타(Schulpforta)에 입학하여 그리스어, 라틴어, 히브리어, 불어를 익혔고, 이것이 중요한 고전 문헌의 원 저작물을 독파하는 데 주효했다.[29] 니체는 공교육의 미래에 대해 강연할 때 이런 말을 했다. "철학 및 예술과 함께 그리스어를 배제하게 되면, 어떤 것을 사다리로 해서 고양(高揚)된 문화로 상승할 수 있겠는가?"[30]

---

29) "Friedrich Nietzsche," in Wikipedia, June 21, 2025.
30) Nietzsche, F. / J. M. Kennedy,, On the Future of Educational Institutions: Homer and Classical Philology (Printed in the USA, 2014), p. 58-59, www.ICGtesting.com.

하지만 현대 공교육 내에서 이러한 교육이 쉽지 않다. 그렇다고 현 공교육의 무기력함과 입시 경쟁 위주의 환경을 방치할 수도 없다. 별거나 이혼 상태에서 자녀와 떨어져 사는 경우에는 더욱 불리한 조건에 놓일 수 있다. 헤어진 부모가 서로 가까이 살아야 할 이유가 여기서도 확인된다.

니체는, 교육의 대중화가 오히려 문화적 감성과 그 창조성을 약화시키고, 표면적이고 획일적인 감수성으로 퇴락하게 만드는 현상을 비판한다. 그 주된 이유는, 교육의 목적이 경제적 효용성으로 전락함으로써 개별성과 창의성을 자극하지 못하기 때문이다. 대중화된 교육은 누구나 읽고 쓸 수 있게 만들었지만, 부와 권력에 종속된 어용 지식인을 만들어 결국 사회전체가 우민화(愚民化)의 길을 간다고 본다.

고려대 강용수 교수는 니체의 글을 인용하면서 이렇게 쓴다. "니체가 말하길, 실제로 천재란 진정한 국민교육에서 탄생한다는 것이 아니다. 천재는 형이상학적 근원, 형이상학적 고향에서 나온다." 라고 했다. 다시 말해 국가는 온 국민을 대상으로 교육할 것이 아니라 천재를 양육하고 보호하는 역할을 맡아야 한다. 그렇다면 천재란 누구인가? 여기서 니체가 천재를 지배의 정점에 둔 그리스

사회의 피라미드 구조를 모델로 하기 때문에, 니체의 천재숭배가 현대사회와는 어울리지 않는 측면이 있다.[31]

그렇다면 별거 혹은 이혼하는 부모도, 가정의 변화와 무관하게 시민으로서 또 학부모로서 사회경제적 불평등과 같은 사회 모순, 과열 입시 경쟁 같은 교육 모순에 눈 돌릴 필요가 있겠다. 따라서 NGO 활동을 하거나 관련 시민단체를 후원하면 좋을 것이다. 니체가 말하는 대지(大地)의 사랑은 개인만의 노력으로는 어렵기 때문이다.

---

31) 강용수, 「문화의 이념과 교육의 역할 - 니체의 교육철학을 중심으로」, 『문화예술교육연구 (Korean Journal of Culture and Arts Education Studies)』 제4권 제1호, (2009. 4.), p.128.

4

상대의 자녀 및 부모와 가족 되기

자녀와의 만남

돌싱 커플이 상대의 자녀를 어떻게 바라보아야 할까? 여기서는 니체가 중시한 신체의 중요성에 주목하여 자녀와의 만남에 적응해 보려고 한다. 사회학자요 철학자인 고병권은 이렇게 정리한다.

"신체는 생성하는 그 무엇으로서, 역동적인 복합성으로 정의되지 않으면 안 된다. 신체에는 사유하는 정신이 있고, 느끼는 감각이 있으며, 그런 것들을 추동하는 여러 힘들, 정서들(affectus)이 있다. 신체는 생물학적인 것 못지않게 심리학적이며 동시에 생리학적이다. 니체는 특히 정서들의 움직임을 강조했다."[32]

---

32) 고병권, 『니체의 위험한 책, 차라투스트라는 이렇게 말했다』, (그린비, 2022), p. 167.

니체가 보는 신체는 정신 및 정서와 분리되지 않는 유일한 실체다. 차라투스트라는 이렇게 말한다.

> "내가 육체를 알고 난 후에 한 제자에게 말했다. 정신(Geist)이란 단지 정신처럼 보이는 것에 지나지 않으며, 불멸(Unvergängliche) 역시 하나의 비유에 불과하다."[33]

정신은 하나의 실체가 아니라는 것이며, 정신 혹은 영혼이 죽지 않고 영원하다는 것도 그럴듯해 보이는 하나의 상징적 표현일 뿐이라는 것이다.

니체는 우리의 몸을 단순한 물질이 아니라, 여러 가지 감각과 욕망, 그리고 그것을 조절하는 힘이 함께 어우러진 실체로 본다. 몸 안에서는 여러 힘이 싸우기도 하고, 조화를 이루기도 하면서 다양한 모습을 띤다. 또 몸 안에는 가축 떼처럼 보이는 본능과 욕망이 있으며, 동시에 그것을 이끌고 조절하는 목동과 같은 힘(Macht)도 있다. 차라투스트라는 이렇게 말한다.

---

[33] ASZ, Zweiter Theil : Von den Dichtern, s.144.

"신체는 큰 이성, 감각을 지닌 다수, 전쟁이요 평화, 가축 떼이며 목동이다."[34]

니체의 관점에서 신체는 존재의 전부요, 고등 정신능력이 움직이는 고귀한 실체다. 그렇다면 연인과의 인연에 의해 만나는 자녀 역시 고귀하게 다가온다. 아이들은 함께 살지 못하는 부모에 대한 그리움을 안고 살거나 혹은 그리움조차 잊고 지낼 수 있다. 따라서 이 아이들을 대하는 기본적이고도 필요한 정서가 자상함이라 할 수 있겠다. 자녀가 어리다면, 낳은 정 대신에 기르는 정으로 양육할 귀한 기회가 주어진 것으로 인식하는 것이 니체의 자기초월적 사랑에 부합한다.

미국의 비영리 문학단체 'Poetry Foundation'의 보도에 의하면, 프랑스 상징주의 시의 선구자로 알려진 보들레르(Charles Baudelaire)의 어머니는 돌싱 커플이었다. 보들레르가 6세 때 친아버지가 사망한 후, 어머니 뒤페(Caroline A. Dufays)는 군인 오픽(J. Aupick)과 재혼했다. 보들레르가 고교생일 때, 그 지역으로 전근 온 오픽을 아버지라고 부를 정도로 보들레르와 오픽의 관계는 좋았다. 하

---

34) ASZ, Erster Theil : Von den Verächtern des Leibes, s. 39.

지만 그 이후에 문제가 생겼다.

　보들레르가 친아버지로부터 당시로서는 큰 돈인 약 10만 프랑을 상속받았다. 그런데 가족이 개입하여 상속 당사자인 보들레르가 유산을 자유롭게 쓰지 못하도록 관리인을 지정했다. 이 때문에 보들레르는 평생 경제난에 시달리게 된다. 보들레르의 편지에 의하면 "그 책임을 새아버지에게로 돌렸다."[35]

　새아버지의 과도한 간섭으로 보이는 이런 사건이, 보들레르의 삶에 재정적 제약, 소외감, 복잡한 심리에 영향을 준 것으로 보는 이들이 많다. 이는 불어로 쓰인 최고의 시집으로 알려진 『악의 꽃』이 만들어지는 배경이 되었다고 할 수 있다. 이 시집이 출간된 때가 새아버지가 죽은 직후인 1857년이었다. 그제야 보들레르는 어머니와의 관계를 개선할 수 있었다.

　여기서 우리는, 돌싱 커플의 부모가 새로 만나는 자녀를 포용적으로 대해 주어야 할 이유를 확인할 수 있다. 그런데 역설적으로 그러한 불운이 명시집을 낳은 배경이 되었다면, 우리는 니체를 따

---

35)　"Charles Baudelaire," The Poetry Foundation, accessed June 24, 2025.

라 고통이 낳는 생산적 결과까지 놓치지는 말아야 할 것 같다. 하지만 이 과정에서 보들레르는 평생 마음고생이 많았다. 차라투스트라가 이렇게 말한다.

"모든 불변의 것은 단지 비유(Gleichniss)에 불과하다. 시인들은 너무 거짓말을 많이 한다. 최고의 비유는 시간과 생성에 대해 말할 때다. 즉 지상의 무상(無常)한 모든 것에 대해 주어지는 찬양과 긍정이 최고의 비유다."36)

니체에 의하면, '이데아'나 '천국'과 같이 불변한다고 믿어지는 세계의 '비유'는 각각 철학과 종교에서 제시하는 시적 상상의 결과일 뿐, 참된 세계가 아니다. 오히려 시간에 제약을 받고, 변화와 생성에 노출되어 있는 이 무상한 세계가 유일하고도 복된 삶의 무대인 것이다. 여기서 자신의 세계를 창조하는 것이 가장 좋다는 것이다.

삶의 참다운 가치가 이데아나 천국이 있다고 보는 세계관의 결정적인 문제는, 현실세계에 대한 애착의 마음을 거둔다는 것이다. 박찬국 교수는 이렇게 정리한다. "(니체는) 끊임없이 생성 소멸하면

---

36) ASZ, Zweiter Theil : Auf den glückseligen Inseln, s. 97.

서 온갖 꽃과 식물, 동물과 인간들을 낳는 (현실)세계의 충일함을 찬양한다. 니체는 이러한 세계 속에서 엄청난 생명력을 본다. 이 생명력은 기독교의 신처럼 피안의 세계에 존재하는 인격신이 아니라, 생성 소멸하는 개체들에서 직접적으로 나타난다."[37]

니체의 관점에서 볼 때 세상은 '생명의 잔치'가 벌어지는 곳이다. 그럼에도 불구하고 사람들 중에 인간과 자연의 소중함을 잊는 경우가 얼마나 많은가? 돌싱 커플에게 새로운 자녀와의 만남은 바로 대지의 생명력을 한 몸(신체)에 지닌 꽃을 만나는 것으로 바꿔 생각할 수 있다. 이 비유가 가장 무난할 뿐만 아니라 최고의 비유일 것이다. 이것이 자녀들에게 사랑으로 다가갈 간결한 이유다.

그렇다면 돌싱 커플은 상대의 자녀와 만나는 순간, 곧 내 자녀라는 인식으로 전환하는 것이 훌륭하다. 이는 내가 직접 낳은 아이만을 선호하는 오랜 혈통주의의 한계를 넘어서는 것이기도 해서 더 좋다. 돌싱 커플이 함께 살 경우, 성장기 자녀가 있다면 양육에 적극적으로 참여하고, 사회생활을 시작한 자녀가 있다면 자동차를 명의이전까지 해서 주거나 사 주는 등 전폭적으로 지원한다. 경

---

[37] 박찬국, 『차라투스트라, 그에게 삶의 의미를 묻다』 (세창출판사, 2021), p.197.

제력이 따라 준다면 집 한 채를 마련해 주는 경우도 가끔 볼 수 있으나, 애정 어린 관심 속에서 자녀가 자립할 수 있도록 돕는 정도여도 충분할 것이다.

새로운 자녀를 만나는 과정

돌싱 커플이 연인 관계일 때 상대의 성장기 자녀를 만나는 데에도 절차가 좀 필요하다. 중국, 베트남 등 유교적(儒敎的) 전통이 영향을 미치는 지역 출신의 가정이라면, 자녀들이 친부모의 새로운 연인을 받아들이는 데 어려움이 더 클 것이다. 그래서 사전에 연인의 존재를 귀띔해 두는 것이 필요하다.

예컨대 가족 파티, 놀이공원, 운동, 공연, 악기 연주, 영화관람 등과 같이 머리가 아닌 몸과 감성의 기쁨을 느끼는 시간에 새로운 자녀와 만나는 방법도 좋을 것이다. 그러면 자녀가 좀 더 자연스럽게 마음을 열 것이다. 대학생이나 성년기에 접어든 자녀들은, 인터넷 검색이나 책을 통해 가족 형태가 다양해지고 있는 추세를 지성적으로 이해하면, 친부모의 연인을 맞이하는 데 어려움이 없을 것이다. 오히려 친부모의 외로움을 이해하고 격려할 것이다.

만약 사춘기 자녀가 있는 한 부모 가정에서, 이러한 절차 없이 부모의 연인이 갑자기 집에 오면, 자녀는 당황스러움을 감추기 어려울 것이다. 자녀가 떨어져 사는 친부모에 대한 기억을 갖고 있을 때 심적 저항감은 더 크다. 이때 자녀를 구박하는 것은 한 차례도 있으면 안 된다. 그렇게 정신적으로 학대하면 그 기억은 평생 남아 부모 자녀 관계를 결정적으로 해친다.

어느 돌싱 커플의 여성이 남성의 어린 자녀를 많이 사랑해 주며 양육했다. 그런데 이 커플이 다시 헤어지게 되었다. 새엄마가 아이에게 마지막 작별을 할 때, 아이는 친아빠가 아닌 새엄마를 따라가겠다고 했다. 기르는 정과 사랑의 힘은 혈통을 무의미하게 만든다.

노부모 돌봄과 사랑

돌싱 커플은 또 상대의 부모를 새로 만나기도 한다. 이때 돌싱 커플은 이전보다 더 성숙한 방식으로 노부모에 대한 돌봄을 실천할 수 있다. 역시 여기서도 신체에 대한 니체의 철학적 관점으로 접근하되 좀 더 자세히 다룬다.

니체의 말대로, 정말 우리의 신체는 정신과 분리되지 않는 유일한 실체일까? 오랜만에 그리던 가족이나 친구를 만날 때, 어두운 밤길에 홀로 가다 어슴푸레한 인간의 모습을 발견할 때 우리의 몸이 먼저 반응한다. 반가움이나 지극한 기쁨 또는 엄습하는 슬픔에 눈물이 나고, 놀라움에 머리칼이 쭈뼛해진다. 모두 반사적으로 반응하는 것은 신체다.

육체가 궁극적 실체

차라투스트라는 이렇게 말한다.

"모든 배후세계를 창조한 것은 창조한 이들의 고통과 무능력(Unvermögen)이다. 이것은 가장 괴로워하는 자만이 경험하는 덧없는 행복의 광기인 것이다. 한 번의 도약, 죽음의 도약으로 최상의 경지에 도달하려는 피로감(Müdigkeit), 어리석고 무지하며, 더 이상의 의지조차 품기를 거부하는 피로감, 이것이 신(Götter)과 배후세계를 창조했다. 나의 형제여, 내 말을 믿으라! 육체에 절망한 것은 육체였다. 육체가 어리석은 정신의 손가락으로 마지막 벽을 더듬은 것이다. 대지에 절망한 것은 육체였다. 존재의 배(Bauch des Seins)가 하는 말을 듣는 것도 육체였다."[38]

니체의 통찰력에 의하면, 현실의 삶에서 행복을 찾을 능력이 없는 관념론자, 도덕주의자, 성직자들이 대지와 육체를 경멸했다는 것이다. 그 결과 스스로를 위로하기 위해 창조한 것이 배후세계로 이데아, 천국, 열반 등이 그것이다. 이는 이솝 우화에서, 여우가 높

---

38) ASZ, Erster Theil : Von den Hinterweltlern, s. 35-36.

은 곳에 매달린 포도를 따 먹을 수 없으니 포도가 시어서 맛없다고 폄하하면서 자신을 위로하는 격이다.

대지는 한시도 정지해 있지 않고 변화하고 있으며, 육체는 질병과 죽음에 취약하다. 인간의 마음도 변덕스러울 때가 많다. 행복한 순간은 짧아 보인다. 여기서 현실과 신체가 불완전하다는 편견이 자란다. 이 세상 : 저 세상 = 불완전 : 완전, 고통 : 지복, 유한한 삶 : 영원한 삶으로 단순화된다. 현상을 단순화시키면 아주 그럴듯해 보인다. 그러나 니체에 의하면 이것은 창조가 아니라 헛된 상상이다.

우리가 이런 세계를 상상할 수 있는 것도 의식의 활동 덕분이며, 그 의식은 결국 신체가 있기에 가능한 것이 아닌가? 다시 말해, 모든 것은 육체에서 출발하고 육체에서 종결된다. 니체가 말한 '존재의 배'에서 '배'는 복부, 곧 육체 전체를 의미하며, 이는 곧 신체가 존재의 전부임을 시사한다.

이러한 관점에서 보면, 돌싱 커플에게도 대지와 신체의 행복이 삶의 전부가 된다. 배후세계로서 초월적 세계 또는 추상적 지복(至福)의 세계는 없다. 그렇다면 나와 사랑을 나누는 사람, 이 사람의 존재의 근원인 부모가 귀한 존재로 다가온다.

영혼불멸설

서양을 비롯한 여러 문화권에서 오랫동안 지대한 영향을 준 대표적인 편견을 꼽는다면 단연 '영혼불멸설'과 '심신이원론'이다. 앞서 잠깐 언급했던 영혼불멸설은 소크라테스도 지녔던 신념인데, 더 거슬러 올라가 '피타고라스 학파'와 그리스의 신비종교인 '오르페우스 교단'에서 그 기원을 찾을 수 있다.

수학자요 철학자인 피타고라스는 영혼이 죽지 않고 환생(reincarnation) 혹은 전생(metempsychosis)한다고 보고, 궁극적으로는 영혼이 신체라는 감옥에서 벗어나야 할 것으로 생각했다. 그래서 영혼정화가 필요하다고 보고, 그 정화의 방법으로 수학 탐구를 택했다. 이후, 죽음은 곧 영혼의 해방을 의미했다. 소크라테스가 철학을 '죽음의 연습'이라고 한 것도 그 같은 맥락에서 가능했던 것으로 보인다. 종교적으로 이슬람, 기독교 등이 영혼불멸설을 제기하고 있는데, 심각한 문제는 그 때문에 신체를 폄하하기 쉽다는 것이다. 예수가 이런 말을 한다.

"만일 네 오른쪽 눈이 너로 하여금 실족하게 하거든 빼어 내버리라. … 또한 만일 네 오른손이 너로 하여금 실족하게 하거든 찍어 내버리라. 네 몸 중에 하나가 없어지더라도 온 몸이 지옥에 던져지지 않는 것이 유익하니라."39)

성경의 한 구절만을 근거로 논의하는 것이 한계는 있겠다. 하지만 위 구절로 인류가 치러야 할 대가는 실로 컸다. "영혼이 내세에서 누릴 영원한 삶에 대한 희망으로 육신을 버린 순교자도 많았고, 고매한 영혼을 지키려고 신체를 가혹하게 다스린 고행자도 많았다."40) 그런데 지금도 종교나 주술에서 영혼의 존재를 믿는 사람들이 적지 않다.

그런데 근대에 들어와 데카르트를 중심으로 심신이원론이 제기된 것이 또 문제였다. 심신이원론은, 정신(영혼)이 육체와 별개의 독립적 실체라고 규정함으로써 육체가 죽어도 정신이 계속 살 수 있는 여지를 남긴다. 이것은 기독교적 영혼불멸설이 근대 이성주의와 과학의 영향으로 설득력을 잃어 가던 시기에, 죽어 가는 영혼불멸설에 생명력을 불어넣는 격이다. 니체가 또 공들여 정신 우위의 편견에서 육체를 구해 내는 모습을 본다.

---

39) 이형기, 『두란노 성경』(두란노서원, 2018), 마태복음 5장 29-30절.
40) 정동호, 『니체 '차라투스트라는 이렇게 말했다' 해설서』, (책세상, 2022), p.118.

자기와 자아

니체는 신체를 자기(self)로 표현하고, 정신을 자아(ego)로 규정한다. '자기'는 무의식의 영역까지 포괄하는 근본적인 실체다. 대신 '자아'는 정신을 관장하는 의식의 활동일 뿐이다. 차라투스트라가 '신체를 경멸하는 사람들에 대해'라는 제목하에 이렇게 말한다.

> "자기(Selbst)가 자아(Ich)에게 말한다. '여기서 고통(Schmerz)을 느껴라!' 그러면 자아는 고통스러워한 다음에, 더 이상 고통을 느끼지 않을 방법을 곰곰이 궁리한다. 그렇게 자아는 생각을 전개한다. 자기가 자아에게 말한다. '여기서 쾌감(Lust)을 느껴라!' 그러면 자아는 기뻐하고 다음에 좀 더 자주 쾌감을 느끼도록 곰곰이 궁리한다. 그렇게 자아는 생각을 전개한다."[41]

니체의 이런 구분이 우리에게 쉽게 와닿지 않을 수도 있다. 워낙 오랫동안 영혼과 정신이 존재의 주인인 것처럼 여겨져 온 데다, 자기와 자아의 구별이 눈에 띄는 것도 아니기 때문이다. 게다가 자아가 궁리하고 생각한다는 표현도 어렵게 느껴진다. 일단, 인간의

---

41) ASZ, Erster Theil : Von den Verächtern des Leibs, s. 40.

내면을 '자기(Selbst)'와 '자아(Ich)'라는 두 층위로 구분해서 설명하는 것으로 보면 될 것 같다. '자기'는 더 근원적이고 깊은 내면의 주체, 즉 우리 존재의 뿌리 같은 것이고, '자아'는 일상적으로 '나'라고 느끼는 의식적인 부분이다.

고통과 쾌감의 최초 명령권자는 신체로서 자기(Selbst)가 된다. 마치 무대 뒤에서 연출가(자기)가 배우(자아)에게 "이 장면에선 슬퍼해!", "저 장면에선 기뻐해!"라고 지시를 내리면, 배우는 그 감정에 따라 연기하고, 다음에 연기를 더 잘하려고 고민하는 것과 비슷하다. 차라투스트라는 또 이렇게 말한다.

"각성한 자, 인식하는 자는 말한다. '나는 전적으로 신체(Leib)이지, 신체 이외의 다른 어떤 것도 아니다. 영혼(Seele)은 단지 신체에 속한 어떤 것을 표현하는 말에 지나지 않는다. … 그대가 정신이라고 부르는 것은 작은 이성으로서 신체의 도구다. 정신은 또 큰 이성의 도구요, 놀잇감이다. … 감각(Sinne)과 정신(Geist)의 배후에는 자기(Selbst)가 있다. 자기는 감각의 눈으로 찾고 정신의 귀로 듣는다. 생각과 감정의 뒤에 강력한 명령권자가 있으니 그가 바로 자기다. 자기는 그대의 신체

속에 사는데, 자기가 바로 그대의 신체다.'"[42]

니체에 따르면, 영혼은 신체에 부속된 정신의 다른 이름일 뿐, 독립적이거나 숭고한 실체가 아니다. 또 달리 비유컨대, 감각과 그에 의해 생성되는 의식은 대지 위에서 춤추는 아지랑이처럼 변화무쌍하다. 여기서 대지는 자기로서의 신체를 의미한다.

"신체가 복권되면 감각기관도 복권된다. 앞으로는 감각이 미적 판단의 근거가 되어야 한다. 이를테면 감각, 곧 느끼기에 좋은 것이 아름다운 것이어야 한다. 실제 좋은 것이 우리의 감각에 자신을 드러낼 때, 우리가 느끼는 것이 아름다움이다."[43] 감각으로 느끼어 좋은 것이 아름다움이라면, 그 감각을 가능케 하는 것이 신체다. 결국 아름다움을 느끼고 즐기는 일은 신체에서 시작해서 신체로 끝난다.

이런 관점에서 노부모를 보면, 일단 영혼이나 정신 우위의 편견을 버리게 된다. 이어서 유일실체로서 신체가 사라지면 존재 전부가 사라지는 것임을 재확인할 수 있다. 그렇다면 노부모에게 신체

---

42) ASZ, Erster Theil : Von den Verächtern des Leibs, s. 39.
43) 정동호, 『니체 '차라투스트라는 이렇게 말했다' 해설서』, (책세상, 2022), p. 119.

가 느끼는 미각, 안락함, 즐거운 대화와 음악, 산책을 권해 드리는 것이 진정한 행복이 된다. 결국 생명의 고귀함에서 벗어나지 않도록 하는 힘이 니체 철학에 있음을 알 수 있다.

니체는 이성, 논리, 추상적 사유보다는 '생명', '경험', '감각', '의지' 등 살아 숨 쉬는 특성에 주목한다. 니체의 '힘에의 의지', '영원회귀', '위버멘쉬' 개념도 모두 생명력, 창조성, 역동성 등의 의미를 담고 있다. 이 점이 니체를 생명철학의 대표자 혹은 선구자로 지칭하는 이유다.

부모에 대한 효도

자녀가 사회생활을 시작하면서 경제력을 갖게 되면, 자녀의 집에서 부모를 모시거나 텃밭 딸린 집을 구해 부모가 활동할 공간을 마련하는 것도 좋다. 부모의 주거 공간으로는 마트, 철물점, 주민자치센터, 우체국, 시장, 운동 시설 등 생활 근린시설이 한 곳에 모여 있으면서도 조용한 주택가가 적합하다.

부모가 자녀 부부를 대신해서 손주를 양육한다면, 용돈만 후하게 주는 데 그치지 않고 부모를 직접 모시고 병원에 가서 정기적으로 건강 상태를 점검한다. 사람은 60대를 넘기면서 보통 심혈관 질환 혹은 관절 질환이 빨리 찾아온다. 이 중에서 심혈관 질환은 제대로 관리되지 않으면 심각한 결과를 가져올 수 있어 자녀의 관심이 필요하다. 필자도 이런 데에 미숙했었다.

만일, 시골에 홀로 사는 부모가 낮잠을 자고 나서 혈압 약을 또 먹는다면, 이내 나의 집, 내 집 근처, 요양원 등에 모셔 정기적으로 약 복용이 가능하게 한다. 홀로 된 부모가 자녀와 따로 살길 원한다면, 대체로 70대 초반부터는 자녀의 집 근처에 거처를 마련하는 것이 좋다. 자녀가 쉽게 가서 돌보기 위해서다. 또 부모가 입에 침이 자꾸 마른다는 말을 하는 경우, 또는 허리가 굽었는지 섬세하게 살펴 이상하면 이내 의사의 진단을 거쳐 대응책을 찾는다.

부모가 요양원에서 노후를 보낸다면, 돌싱 커플은 종종 자가용으로 부모를 모시고 나와 시중 식당에 들른다. 이때 노인들에게 부족하기 쉬운 육류, 생선, 채소 등 영양가 높은 음식을 제공한다. 그 외에 계절에 맞는 의복도 적시에 구해 드린다. 자녀가 2명 이상이면 번갈아 가며 돌봄에 참여할 수도 있지만 현실적으로 그게 여의치 않을 수 있다. 그래서 자녀들 중 누군가는 더 수고하게 되어 있으니 이를 즐거이 감수한다. 결국 부모의 신체와 생명을 존중하고 돌보는 것은 니체가 말하는 '대지의 사랑'을 실제 삶 속에서 구현하는 소중한 경험이다.

5

돌싱 커플의 사랑을 위한 덕목들

인식의 문제

우리의 삶은 늘 인식과 판단의 연속이다. 돌싱 커플 역시 예외가 아니다. 이 과정에서 서로의 의견 차이를 느끼는 순간도 많다. 그럴 때면 무엇이 옳은지, 왜 옳다고 하는지, 진실은 무엇인지 스스로 묻게 된다. 니체는 이러한 의문에 대해 '순수한 인식'이란 허구라고 응답한다. 차라투스트라는 이렇게 말한다.

"나는 이 비유를 그대들 위선자에게 말한다, '순수한 인식'을 한다고 자부하는 자들이여! 그대들은 음탕한(Lüstern) 자들이다. 그대들도 대지와 지상의 것을 사랑한다. 그러면서도 그대들의 정신은 지상의 것을 경멸하도록 스스로 설득했다. 그러나 내장(Eingeweide)은 설득당하지 않았다. 그래서 내장(內臟)이 그대들에게 있어서 가장 강력한 부분이다. … 순진함(Unschuld)은 어디에 있는가? 생식(Zeugung)에의 의지가 있는 곳에 있다. 거기서 자신을 창조하고 스스로를 넘어

서는 자들은 순수의지를 갖고 있는 것이다."⁴⁴⁾

'순수한 인식'과 '내장에 의한 인식'이 대비되고 있다. '순수한 인식'은 도덕, 논리, 이성, 개념을 중심으로 판단하는 것을 의미한다. '내장에 의한 인식'은 욕망, 충동, 본능, 예술을 중심으로 판단한다. 플라톤은 보편적인 진리, 영원불변하는 관념의 세계가 있다고 보고, 감각·생성·변화하는 현실세계를 열등하다고 보았다.

소크라테스는 현실세계의 불확실성과 혼돈을 두려워해, 논리·개념·순수한 인식으로만 세상을 파악하려고 했다. 칸트는 '순수이성'의 힘으로 진리에 도달하려 했다. 기독교는 절대적 도덕의 이름으로 모든 것을 재단하면서 현실의 삶과 본능에서 도피한다. 그러나 니체는 이런 인식의 방식들을 부정한다. 차라투스트라는 또 이렇게 말한다.

"정녕 도덕가들이나 종교인들도 사실은, 배후세계나 구원의 핏방울(예수의 희생)이 아니라 육체를 가장 잘 믿고 있다. 그들 자신의 육체가 그들에게는 물자체(Ding an Sich)다. 나의 형제들이여, 건강한 육

---

44) ASZ, Zweiter Theil : Von der unbefleckten Erkenntniss, s.138.

체의 목소리에 귀를 기울이자. 육체의 소리가 더 정직하고 순수하다. 건강한 육체, 완전하고 반듯한 육체는 보다 정직하고 순수하게 말한다. 이 육체는 대지의 의미에 대해 말한다." 45)

'물자체(物自體)'는 철학자 칸트의 개념이다. 물자체는 우리가 직접적으로 경험할 수 없는 사물의 본질적인 실재를 뜻한다. 칸트에 의하면, 우리가 사과를 볼 때, 색, 맛, 모양 등 감각과 인식구조로만 사과를 경험한다. 하지만 감각의 결과는 우리의 인식의 틀(구조)인 시간, 공간, 양(量), 질(質), 인과성에 등에 의해 걸러진 '현상'일 뿐, 사과 '그 자체(물자체)'는 우리가 알 수 없다. 칸트는, 물자체는 있는 그대로의 사물이며, 그 실체는 인간이 영원히 알 수 없다고 생각한다.

니체가 여기서 '물자체'를 말하는 맥락은, 도덕가들이나 종교인들이 도덕, 영혼, 신(神), 구원 등을 말하지만, 실제로는 자기 몸(육체)에서 벗어나지 못하고, 자기 몸을 사실상 가장 확실한 인식과 판단의 최종적인 근거로 여기고 있다는 의미다. 그래서 겉과 속이 다르다고 한다.

---

45) ASZ, Erster Theil : Von den Hinterweltlern, s. 37.

우리는, 니체가 육체를 '존재의 근원'으로 보았음을 확인했는데, 여기서 더 나아가 육체를 '인식의 근원'으로 보고 있음을 알 수 있다. 그렇다면 돌싱 커플 역시 육체가 느끼고 대지에서 경험하는 것을 참된 인식의 원천으로 삼고 또 그것을 귀하게 여길 수 있을 것이다. 그 예로 늦둥이 자녀를 본다.

사례: 늦둥이 자녀의 포용에 대해

아름다운 사랑을 이어 가는 한 돌싱 커플에서, 아내가 이전 배우자와 함께 살던 때 낳은 늦둥이 아이가 있다. 아내는 당연히 이 자녀를 데려와 현재의 남편과 함께 행복하게 살고 싶다. 그렇게 하는 것이 당연하지만 이 커플에게는 좀 어렵다.

늦둥이 아이라 더 귀여울 터인데, 돌싱 커플이 아이를 직접 양육하지 않는 이유는, 현재 배우자의 업무가 바빠서 또는 자녀 양육이 처음이라 어렵게 느껴지기 때문일 수 있다. 아니면 과거에 양육을 해 본 경험이 있어, 이를 다시 반복하는 것이 쉽지 않다고 생각할 수도 있다. 여기서도 정답은 없다. 그래서 고민도 있게 마련이다. 차라투스트라는 이렇게 말한다.

"여자는 남자보다 어린애를 더 잘 이해한다. 그러나 남자는 여자보다 더 어리다. 참된 남자의 내면에는 어린애가 숨어 있다. 이 어린애는 놀기(spielen)를 좋아한다. 그대 여자들이여, 남자 속의 어린애를 찾아라! … 남자는 전쟁을 위한 교육을, 여성은 전사의 휴양(Erholung)을 위한 교육을 받아야 한다."[46)]

남성의 내면에는 어린애 같은 순수함, 장난기, 호기심이 숨어 있다고 한다. 여성은 이 어린이 성향을 발견하여 격려하자고 한다. 니체는 현대의 남녀 혼성 또는 중성화 경향을 감지하고, 여성의 모성성과 감성적 사랑의 힘, 남성의 용맹성을 회복하려고 한다. 남녀의 성 정체성을 복원하려는 것이다. 차라투스트라는 또 이렇게 말한다.

"그것(진리)은 어린아이처럼 다루기 힘들고, 입을 다물지 않으면 너무 큰 소리로 울부짖을 것이다.[47)] … 진리를 잘 싸서 입을 막도록 하게. 그렇지 않으면 이 작은 진리는 너무 크게 울 것이네. '여자여, 내

---

46) ASZ, Erster Theil : Von alten und jungen Weiblein, s.75.
47) ASZ, Erster Theil : Von alten und jungen Weiblein, s.75.

게 그 작은 진리를 주시오.'라고 나(차라투스트라)는 말했다. 이어서 노파가 말했다. '자네가 여자에게 가는가? 그럼 채찍을 잊지 말게!'"[48]

니체가 진리를 어린이에 비유하고 있다. 진리, 진실을 함부로 드러내면 예상치 못한 큰 파장을 일으킬 수 있으니, 적절한 방법으로 조심스럽게 보듬어 드러낼 필요가 있다. 어린이 역시 진리처럼 올곧은 성장을 위해 보듬어 주는 부모의 손길이 필요하다.

그리고 노파가 차라투스트라에게 '여자한테 갈 때 채찍이 필요하다'고 한 것은, 여성이 채찍을 들고 남성의 행동에 방향을 잡아주며 속도를 조절하는 역할을 하라는 뜻으로 읽을 수 있다. 이는 전통적인 여성상의 극복을 의미한다. '채찍'은 타인이나 세계에 대한 지배를 의미하는 '권력의지'의 상징, 또는 욕망과 지배, 사랑과 권력의 긴장 상태로 해석하는 이가 많다.[49]

돌싱 커플의 남편에게 자녀 양육은 하나의 도전일 수 있다. 일단

---

48) ASZ, Erster Theil : Von alten und jungen Weiblein, s. 77.
49) 정동호, 『니체 '차라투스트라는 이렇게 말했다' 해설서』, (책세상, 2022). p.174 참조. (정동호 교수는 이 장면을 이렇게 설명한다. "니체의 친구 레가 앞에서 수레를 끌 채비를 하고, 한때 니체가 사랑했던 살로메가 뒤편 모서리 가까이에서 몸을 굽힌 채 꽃으로 장식한 채찍을 들고 있는 모습이다.")

아내가, 우리가 살아온 과정도 일종의 모험이니 그 연장선에서 자녀와 함께 사는 것을 제의할 수 있을 것이다. 남성의 내면에 있는 모험심과 용기를 불러일으키는 것이다. 대신, 자신이 양육을 주로 담당하고 남편은 조금의 손길만 주어도 될 것이라고 말할 수 있다. 돌싱 커플이 새로운 자녀에 대해 '기르는 정'에 사랑을 더해 양육하면 그것이 가족구조의 자기초극이라 할 수 있다.

또는 부부가 곧 맞이할 노년의 뿌리치기 어려운 쇠약함과 외로움을 보강하는데, 자녀와 견줄 만한 존재가 없다는 생각을 공유할 수 있다. 이는 자녀와 부모 모두를 위해 '미래를 양육하는 것'을 의미한다. 자녀 양육을 통해 모두가 행복의 파이를 키우는 것은, 달리 표현하면 돌싱 커플이 위버멘쉬로 나가는 것이라 할 수 있겠다. 늦둥이 아이가 태어나 있으니 1차 창조의 수고는 덜었다. 이제 남은 것은 양육과 교육에 의해 2차 창조를 하는 것이다.

모든 새로운 것은 낯설다. 그런데 그 낯선 새로움이 없으면 삶의 고양도 없다. 차라투스트라는 삶을 대하는 자세로 사랑, 경쾌함, 춤을 꼽는다. 니체 철학을 따라가다 보면, 기쁜 상황에서 춤추기보다, 춤을 추어 기뻐하는 상황으로 변화하는 것이 더 나은 삶의 태도라는 생각이 든다. 니체는 열정과 이성의 어우러짐, 나비의 경쾌함, 비눗방울의 가벼움으로 살아가자고 한다. 차라투스트라는 이렇게 말한다.

"우리가 삶을 사랑하는 것(Wir lieben das Leben)은 우리가 삶(Leben)에 익숙해져 있기 때문이 아니라 우리가 사랑(Lieben)에 익숙해져 있기 때문이다. 사랑에는 어느 정도 광기가 있지만 그 광기에는 이성도 있다. 삶을 좋아하는 나(차라투스트라)에게는 나비, 비눗방울, 인간 중에서 나비나 비눗방울 같은 사람들이 행복을 가장 잘 아는 것처럼 보인다. … 내가 신을 믿는다면 춤출 줄 아는 신(God)만을 믿으리라."[50]

---

50) ASZ, Erster Theil : Vom Lesen und Schreiben, s. 47.

망각과 사랑

돌싱 커플의 사랑을 위해 중요한 키워드로 두 개를 든다면, 하나는 커플 간 일상의 흐름을 전체적으로 보고 '음미' 하는 습관이며, 다른 하나는 부정의 기억을 '망각' 하는 것이다. 이 중 망각의 중요성을 살핀다. 아래 인용 부분은 니체가 『도덕의 계보』에서 한 말이다.

"망각(forgetfulness)이란 사람들이 생각하는 것처럼 타성적인 습관이 아니라 엄밀한 의미에서 능동적인 극복이다. … 잠시 의식의 문과 창문을 닫는 것(망각)은, 의식 아래의 잡다한 소음과 싸움으로부터 방해받지 않기 위함이다. 이는 곧 의식의 작은 평화요, 여백(tabula rasa)을 만드는 것이다. 망각은 통제, 예견, 예정하는 고귀한 기능과 기관들이 들어설 수 있는 자리를 마련하기 위함이다. 이것이 망각이 갖는 이점이다. 따라서 망각은 영혼의 질서, 안정 그리고 예법의 안

내자(doorkeeper or guardian)다."⁵¹⁾

니체는, 망각이라는 저지 장치(apparatus of suppression)가 고장 난 사람은 행복, 명랑함, 희망, 자긍심, 현재의 만족감이 없다고 하면서 이러한 사람을 마치 소화불량에 걸린 사람과 같다고 한다.[52] 예컨대 전쟁의 트라우마를 잊으려고 노력하는 것도 망각의 저지장치를 잘 작동시키는 것이라고 할 수 있다. 2019년 세계적인 과학저널 『NATURE』에서 보도하는 내용이 니체의 진술을 뒷받침하고 있다.

"10여 년 전까지만 해도 대부분의 연구자들은, 사진이 햇볕에 의해 바래듯이, 망각이란 수동적으로 기억을 잃는 것으로 알고 있었다. 그러나 기억을 연구하는 학자들은 이런 오랜 생각과 모순되는 연구 결과에 부딪혔다. 이들은 뇌가 '망각하도록 만들어졌다'는 급진적인 아이디어를 제시하기 시작했다. 그래서 지난 10여 년간 축적된 연구 결과에 따르면, 망각은 수동적인 과정이 아니라 지속적으로 뇌에서 작동하는 능동적인 메커니즘으로 간주된다."[53]

---

51) Nietzsche, F. / Carol Diethe, On the Geneology of Morality, (Cambrige Univ. 2006), Second essay: Guilt, bad conscience and related matters, No. 1, p. 35.
52) 프리드리히 니체, 『도덕의 계보』, 박찬국 옮김(아카넷, 2021). (문장 속의 '현재'는 영역본의 'immediacy'를 가리킨다. 이 해석은 박찬국 교수의 번역을 참고하였다. 그의 책 p. 98.).
53) Lauren Gravitz, "The Importance of Forgetting," NATURE, Vol 571 (July 25, 2019), S 12.

망각이라는 제어장치가 잘 작동하는 커플이 사랑에 이르기 쉽다. 돌싱 커플은 지난날의 가정적 변화에서 겪은 아픔과, 현재의 사랑에서 겪는 갈등의 기억을 적절히 망각하는 것이 좋다. 부정의 기억을 망각하지 않으면 대화보다 대결, 화해보다는 갈등에 더 잘 노출되기 때문이다. 그래서 망각은 예법, 곧 존중과 사랑이 들어올 자리를 마련한다.

편견과의 대결

한편, 돌싱 커플 및 남녀가 의견 차를 겪을 때 각종 편견 때문에 애를 먹는 때가 있을 것이다. 그럼 니체가 대결하고자 했던 '편견'과 돌싱 커플의 의견 차에 개입하는 '편견'이 서로 다를까? 이 두 편견이 완전히 별개일 수 없다.

우리는, 플라톤의 이데아와 천국이 서구 지성사에서 참다운 인식을 가로막는 최대의 걸림돌이자 편견이라는 것을 잘 알고 있다. 이는, 무엇보다도 니체가 스피노자의 영향을 받아 이러한 편견과 적극적으로 대결해 준 덕분이 아닐까? 이 두 가지의 거대한 편견을 인지하고 나면, 삶 속에서 부딪치는 편견과 선입견을 보다 더 잘 구분해 낼 수 있을 것이다.

편견과의 전쟁은 무엇이 편견인지를 인식하는 지성의 힘, 편견을 깨고자 하는 용기를 필요로 한다. 니체는 스스로 자신을 '망치(hammer)를 든 철학자'로 말한 바 있다. 그의 망치는 기존의 우상, 권위, 통념이 된 편견을 타격하거나 해체하는 힘으로서의 자유정신이다. 니체는 이렇게 말한다.

> "『차라투스트라』에 이렇게 적혀 있다. '선악의 창조자가 되기 위해서는 우선 파괴자가 되어 가치를 파괴해야만 한다. 최고의 악은 최고의 선이다.' 나는 '파괴의 능력'에 상응하는 정도로 '파괴의 즐거움'을 안다. 즉 나는 '파괴의 힘(부정)'과 '파괴의 즐거움(긍정)'이라는 두 가지의 디오니소스적 본성[54]에 따른다. 나는 최초의 비도덕주의다. 따라서 나는 최고의 파괴자다."[55]

---

54) '디오니소스적 본성'은 인간의 자유를 억압하는 기존 질서나 규범을 과감히 부수고, 그 파괴에서 해방감과 창조의 기쁨을 느끼는 본능을 의미한다. 이것의 반대 성질이 이른바 '아폴론적 본성'으로서, 이는 질서, 규칙, 이성, 조화, 균형을 상징한다.

55) Friedrich Nietzsche / Judith Norman, The Anti-Christ, Ecce Homo, Twilight of the Idols, (Cambridge 2007), pp. 144-145.

파괴에 능해야 새로운 창조가 가능하지 않겠는가? 전통 혹은 일상을 지배하는 습관적 편견이나 선입견을 가진 이들에게는, 파괴하는 사람이 악인으로 보일 것이다. 이런 편견 및 도덕은 전통과 지배이념을 고수하는 사람들에게 가장 신뢰할 만한 방패이면서 공격용 무기다. 한국에서 명절이나 기일 때 지내는 제사에서, 음식을 많이 차려야 한다든가, 제사를 지내야 자녀의 도리를 다하는 것이라는 생각도 도덕적 선악의 평가에 의한 것이다. 가능한 한 이런 편견을 넘어서야 할 것 같다.

돌싱 커플에게는 대체로 다시 이별할 수 있다는 우려가 있을 수 있다. 한 번 헤어지고 나니 두세 번이 어렵지 않게 느껴지기 때문이다. 이것은 처음의 결혼을 가장 중요한 것으로 여기는 편견의 결과일 수 있다. 여기에 사실혼보다 법률혼이 우위에 있다는 편견이 가세한다. 이는 돌싱 커플의 결속력을 떨어뜨린다.

법률혼과 사실혼 간의 사회적 차별에서 국가 역시 그 책임에서 자유로울 수 없다. 한국도 선진 외국처럼 사실혼에 대해서도 법률혼과 거의 차이 없이 '제도적 혜택'을 주면 사실혼 커플도 더 긍지를 가질 수 있을 것이다. '대지의 삶이 생명의 잔치'라고 한 니체의 시각에서 보면, 이런 차별은 무의미하다.

2025년 현재 한국에서, 사실혼 관계의 남녀는 수술 동의서 작성, 보험금 수령, 예금 인출, 연금, 상속이 어렵다. 유언과 공증으로 미리 대비하지 않으면 사실혼 배우자는 삶의 기반이 취약해지는 것이다. 다만, 생명보험과 운전자보험은 상대방을 미리 수령인으로 지정해 두면 보험금을 받을 수 있다.

한국의 신용카드 결제 시스템은 대부분 개인 명의 계좌에서만 가능하고, 가족 공동명의 대금결제는 사실상 거의 불가능하다고 보면 된다. 2025년 5월, 필자가 한국의 국민은행에 확인한 결과도 그러했다. 모든 신용카드가 공동 계좌를 지원하는 것은 아니지만, 미국, 영국, 독일 등 유럽의 꽤 여러 나라에서는 이것이 가능하다.

이들 국가에서, 사실혼 관계의 두 사람이 공동 명의의 은행 계좌(joint account)를 만들고, 이를 각각의 체크카드 결제 계좌로 지정하는 것이 일반적이다. 신용카드의 경우에도 가능한데, 한 명이 메인 카드 소유자(primary user)로, 다른 한 명이 부가 카드 사용자(authorized user)로 등록해 사용한다.

2025년 6월, 미국 조지아주 애틀랜타에 있으면서 126년의 역사를 지닌 '다국적 소비자 신용 보고 기관', 에퀴팩스(Equifax)는 이렇게 적고 있다. "사실혼(unmarried couple) 관계의 여러분들은 결혼한 커플과 동일한 금융 혜택을 누릴 수 있다. 사실혼 당사들이 각기 공통의 은행 계좌를 개설하고, 대출을 공동 보증함으로써 더 큰 구매를 위해 자금을 조달할 수 있다. 배우자의 신용기록과 채무는, 결혼 여부와 무관하게 당신의 개인 신용정보에 영향을 주지 않는다."56)

해외는 여기서 더 나간다. 사실혼 여부와 관계없는 룸메이트, 동거하는 친구, 비혼 동반자, 가족이 아닌 다른 파트너도 가능해지고 있다. 영국 최대의 금융 서비스 단체 중 하나인, 로이드 뱅킹 그룹(Lloyds Banking Group)의 자회사, 핼리팩스(Halifax)에서는 이렇게 혜택을 알린다. "공동 계좌를 왜 선택할까요? 매월 두 사람 공동의 예산을 관리합니다. 공과금, 식료품비, 그 외 다른 공동 가계 지출을 함께 소비합니다. 파트너, 친구, 가족구성원, 룸메이트(housemate)가 공동으로 인출, 입금, 지불할 수 있습니다."57)

물론, 어떤 커플은 공동생활 비용만 함께 부담하고 나머지는 각

---

56) "Guide To Sharing Finances As An Unmarried Couple", EQUIFAX, accessed June 25, 2025.
57) "Joint Accounts," HALIFAX, accessed June 25, 2025.

자의 사정에 따라 경제생활을 하기도 한다. 그래서 상대방의 연봉이나 재산을 정확히 알지 못한다. 이 역시 니체가 '중심은 어디에나 있다'고 한 것과 같이 그 나름의 방식으로 존중할 수 있을 것이다.

그 외에, 커플 사이에 개입할 수 있는 편견으로, '남자가 돈을 더 벌어야 한다, 남자가 데이트 비용을 더 내야 한다, 여자는 젊을 때가 한창이고 나이 들면 아름다움이 현저히 떨어진다, 남자는 나이가 많아야 믿음직스럽다, 연애는 남자가 리드해야 한다' 등과 같은 편견으로부터 자유로울수록 좋겠다.

이에 돌싱 커플은 니체가 말했듯이 '진리는 해석'이라는 생각을 떠올리면서, 내 판단이 편견에 의한 것일 수 있다고 전제하고 마음을 더 개방하는 것이 좋겠다. 각자의 판단이 충돌하면, 차이를 즐길 수 있는 넉넉한 마음과 역지사지(易地思之)의 태도로 서로의 관점을 넘나들 필요가 있다. 이런 모습이 사고 및 사유의 유연성을 보여 주는 것이라고 생각된다.

이기심과 이타심

남녀가 함께 살면서 서로를 위할 때가 많지만 자신만을 생각하는 이기심도 엿보일 때가 있을 것이다. 다음은 충북대 정동호 교수가 니체의 관점에서 성경구절을 문제삼고 있는 내용이다.

신약 『갈라디아서』 5장 17절에서 "인간의 이기심은 성령(신의 영혼)에 대항하고, 성령은 인간의 이기심에 대항하나니…"라고 말했다. 그리고 6장 8절에서는 "인간의 이기심 위에 씨를 뿌리는 사람은 죽음을 거두게 될 것"이라고 했다. 사람들은 이와 같이 이기심을 극복해야 할 대상으로 매도해 왔다. 그리고 그 길을 이타심에서 찾았다.[58)]

---

58) 정동호, 『니체 '차라투스트라는 이렇게 말했다' 해설서』, (책세상, 2022), p.341-342.

두란노 영어 성경 5장 17절에서는 '육욕(the flesh desires)과 영혼(Spirit)을 대립하는 것'으로 규정하고 있다. '육체의 욕망과 이기심', '영혼과 성령'이 각각 동일한 성격의 개념은 아닐지라도 연결 짓는 데 큰 무리는 없을 듯하다. 육체적 욕망의 경우, 이것이 자기중심적이고 타인을 배려하지 않는다는 점에서 이기심으로 바꿔 말해도 무방하겠다. 중국 춘추전국시대 사상가 순자(荀子)도 바로 이 본성적 욕망이 이기심으로 이어진다는 점을 근거로 성악설을 제기하지 않았던가?

역시 두란노 영어 성경 6장 8절에서 "인간은 씨 뿌리는 대로 거두리라, 육체(flesh)에서 기쁨을 구하는 자는 파멸할 것이며, 정신(Spirit)에서 기쁨을 구하는 자는 영생을 얻으리라"[59]라고 한다. 영어 성경에서 육체는 소문자로 'flesh'로 표현하고, 영혼은 대문자로 시작하여 'Spirit'로 표현함으로써 영혼의 가치를 높이고 있는 점도 눈길을 끈다.

니체에 따르면, 사람들이 건강한 이기심과 병적인 이기심을 혼동하게 된 데에는 주로 성경 등 기존 도덕적 가르침의 영향이 크다. 이

---

59) 이형기, 『두란노 성경』, (두란노서원, 2018).

로 인해 이기심은 부정적이고 배척해야 할 것으로 여겨졌다. 그러나 니체는 건강한 이기심을 '자기애'로, 병적인 이기심을 '이기주의'로 구분하면서, '건강한 이기심'을 긍정적인 것으로 본다.

'건강한 이기심'은 자기 자신을 사랑하고 존중하는 태도, 즉 자존감과 자기 긍정의 표현이다. 이것은 자신의 삶을 주체적으로 살아가는 데 필수적인 덕목이다. 반면, 병적인 이기심은 타인의 권리와 가치를 무시하고 오로지 자신의 이익만을 추구하는 태도로, 니체가 비판한 편협한 자기중심성에 해당한다. 차라투스트라는 이렇게 말한다.

"차라투스트라는 이기성(Selbstsucht)을 복되고 건전하며 건강한 것이라고 찬양했다. 이 이기성은 비유적으로 말해, 유연하고 잘 단련된 신체, 춤추는 자로서 자기희열(Selbst-Lust)적 영혼이다. 차라투스트라는 신체와 영혼의 자기희열을 '덕(Tugend)'이라 부른다. … 자기희열이 가장 구토를 느끼는 대상은 스스로를 지키지 않는 자, 독이 든 침과 악한 시선을 삼켜버리는 자, 너무도 인내하는 자, 모든 것을 참아내는 자, 모든 것에 불평 없이 자족하는 자이다. 자기희열의 관점에서 이들은 노예근성을 지닌 자들이다."[60]

---

60) ASZ, Dritter Theil : Von den drei Bösen, Nr. 2, s. 214.

이기심이 자기애의 건강한 표현이라면, 그 표현인 관능적 쾌락과 지배욕도 자기희열을 가져오는 건강한 것으로 간주된다. 니체는 이렇게 전통적으로 비하되었던 가치를 복원시키고 있다. 이기심은, 인간이 도덕적 잣대를 들이대기 이전의 자연 본래의 것이기 때문이다. 정동호 교수의 해설을 좀더 본다.

"차라투스트라는 이기적인 자기집착을 아름답고 생기있는 것으로 간주하고, 이것이 건강한 신체에 깃들어 있다고 본다. 뿐만 아니라 이러한 이기성을 힘찬 영혼에서 솟아 오르는 건전한 자기추구로 여긴다. 인간은 무엇을 하든 자기 자신에서 출발하기 마련이다. 따라서 먼저 '자기'가 되어야 한다. … 자기사랑이 없이 어떻게 다른 사람을 사랑하겠는가? … 자연은 이타심을 모른다. 자연에서 정상은 흥부가 아니라 놀부다. 이타심이란 도덕적 허구에 불과하다. 언제 우리가 이타심을 발휘하는가를 보면 알 수 있다. 그것은 어떤 식으로든 이타심을 발휘하는 당사자에게 이득이 될 때다."[61]

따라서 니체는, 범속한 '평등의식'과 연민에 기초한 '이타심'이 인간을 나약하게 만든다고 생각한다. 이는 건강한 자기애가 개인과

---

61) 정동호, 『니체 '차라투스트라는 이렇게 말했다' 해설서』, (책세상, 2022), pp. 342.

사회를 모두 강하게 만든다고 보는 것을 의미한다. 2018년 K-한류 그룹 BTS의 리더 김남준이 팀원들과 함께 UN에서 연설했다. 그때 이들이 강조한 말이 "자기 스스로를 사랑하세요(Love myself)"였다. 이는 노래 제목이기도 하다. 이들은 연설 끝에서도 "스스로를 표현하세요(Just speak yourself)."라고 했다. [62]

이들뿐만 아니라, 'Love Myself'나 'Speak Yourself'와 유사한 자기 긍정, 자기사랑을 주제로 한 노래는 국내외에 다수 있지 않은가? 예를 들어, 한국의 유아(YooA), 해외의 헤일리 스타인펠드(Hailee Steinfeld)와 저스틴 비버(Justin Bieber)의 'Love myself'도 그렇다.

그렇다면 돌싱 커플은, 상대가 보이는 자기애를 이해의 시선으로 볼 수 있을 것이다. 예컨대 동남아시아 등 해외 출신의 배우자가 자신의 친가를 경제적으로 지원하는 것을 더 잘 이해할 수 있을 뿐만 아니라, 먼저 지원을 하자고 말할 수 있다. 돌싱 커플이, 친자녀든 새로 얻은 자녀든 구분하지 않고 모두에게 양육비를 아낌없이 지원하는 것도 다 가족애로 품는 건강한 이기심, 곧 자기애의 표현이다.

---

[62] SBS 뉴스, 「방탄소년단 UN 연설 풀영상 (한영자막) / BTS Gives a UN Speech (FULL, ENG SUB)」, 유튜브, 2018.9.27. https://www.youtube.com/watch?v=8VWSIoQfFWk.

효용성과 공정성

한편, 돌싱 커플에게 '효용성'과 '공정성'의 덕목은 지킬 만한 가치가 있는 것일까? 일반적으로 효용성(effectiveness)은 만족한 결과를 산출하는 정도를 말한다. 일상에서 이와 구분 없이 쓰는 개념으로 유용성(usefulness)이 있다. 그리고 공정성(fairness)은 편견이나 차별 없이 상황을 판단하고 대우하는 가치로서, 노력과 필요에 따라 보상하거나 기회를 균등하게 제공하는 것을 의미한다.

효용성

니체는 이렇게 말한다.

"(현대에 들어와) 효용성(utility) 즉 공리주의적 욕구가 교육의 목적이 되고 있는데, 이는 경제적 이익을 최대한으로 증대시키는 것이다. 지능(intelligence)과 부(property)의 결합이 거의 도덕적 원리가 되고 있다. 여기서는 고독한 탐구, 돈과 이익을 멀리하는 사고방식, 시간이 요구되는 탐구가 고상한 이기주의(higher egotism), 또는 비도덕적 문화로서의 쾌락주의(Epicureanism)로 오해된다."[63]

니체가, 공리주의(功利主義)적 효용성이 지배하는 시대상황을 비판적으로 진단하고 있다. 공리주의는 '최대다수의 최대행복'을 도덕적 가치로 내세운다. 그 모토는 '쾌락은 선이며 고통은 악'이다. 쾌락을 증대시키고 고통을 감소시키는 행위가 덕이 되지만, 고통이 쾌락의 기초가 될 수 있음을 간과한다. 현대에도 여전히 영향력을 발휘하고 있는 이 공리주의는 '공익'을 표방하지만 실제로는 '사익' 추구의 성격을 띤다는 점에서 '위장된 이기주의'라는 평가도 있다.

지능과 부의 결합은 곧 능력주의를 의미한다. 능력주의는 이 개념이 의미하는 바와 달리, 주로 교과실력으로 교육경쟁을 거쳐 지

---

63) Nietzsche, F./ J. M. Kennedy, On the Future of Educational Institutions: Homer and Classical Philology, Printed in the USA, 2014, p.14. (www.ICGtesting.com)

위경쟁으로 나간다. 이 과정에서 전인교육이 결핍된다. 교육의 대중화는 다수의 사람들에게 권력과 부가 보장되는 지위를 꿈꿀 수 있게 했다. 그 꿈의 제1의 목표가 변호사와 의사가 되는 것이다. 꿈의 대중화, 나아가 꿈의 세속화는 치열한 경쟁을 피할 수 없게 한다. 그래서 교과지식은 지위경쟁의 도구가 되고, 인간은 권력과 부의 도구가 된다.

이런 효용성의 가치가 돌싱 커플의 관계에 개입하는 판단 사례로, 돈벌이를 제대로 하는가, 내 부모와 친가(親家)에게 얼마나 잘하는가, 내 자녀를 얼마나 챙겨주는가 등으로 상대를 도구적으로 평가하는 경우다. 그런데 남녀 커플은 또 긍정적 의미에서 좀 쓸모도 있고, 그래서 증여하는 미덕도 갖출 때 모두에게 좋다. 그런 점에서 행복을 위한 도구로서의 기능도 필요한 것이 사실이다. 문제는 정도다.

니체가, 절대적 가치의 상징적 개념인 이데아(Idea)와 신(God)이 끼치는 해악으로부터 인간의 해방을 꿈꾼 결과가 바로 '신이 죽었다'는 선언이다. 그런데 신이 물러간 자리에 새로운 우상이 등장했으니 그것이 바로 국가주의, 공리주의, 민주주의, 사회주의, 공산주의, 돈이면 다 된다는 황금만능주의 등이다. 다만 니체는 민주주의에 대해서는 '역사를 진전시킨 민중의 힘'과 함께 '과도한 평등주의로 인한 퇴락의 기운'을 동시에 짚어 낸다.

니체가 각종 이데올로기와 편견을 비판하다 보니, 우리는 어떤 가치에 의지해야 할지 혼란스러울 수 있다. 따라서 중요한 것은, 어떠한 이데올로기나 지배적인 가치 기준도 전적으로 믿지 말고, 그것들을 참고하되 최대한 독자적인 시각과 판단력으로 그 이면의 의도와 진실을 파악하는 것이다. 니체가 철학을 '언어의 연막을 뚫고 들어가 진실을 캐내는 작업'이라고 한 것도 이러한 태도를 강조하기 위함이다.

공정성

공정성은 효용성이 균형감각을 갖도록 돕는다. 예컨대 커플 상대가 내 의견을 자주 들어주는 입장이라면 나 역시 들어주려고 한다. 나의 일을 위해 상대가 자주 지원하고 배려한다면 종종 꽃을 사 주거나 팁으로 용돈을 주기도 한다. 재력이 따라 준다면 자동차를 사 주거나 사업체를 차려 줄 수도 있다.

내 자녀와 부모에 대해 성의껏 관심과 사랑을 보여 주면 나 역시 그렇게 한다. 그래서 상대의 친가 쪽에 함께 놀러가자고 제안도 한다. 상대의 부모가 작고했다면, 묘지도 한 번쯤 다녀오자고 먼저 애기한다. 이렇게 남녀 관계가 사적인 영역이긴 하지만, 느슨하나마 공평성, 공정성의 가치를 의식할 때 사랑이 더 깊어진다.

어느 돌싱 커플에서, 여성이 이전에 함께 살았던 전 남편의 묘지를 종종 찾는다. 여성은 과거에 행복한 결혼 생활을 했던 것으로 보인다. 그런데 어느 날, 현재의 돌싱 커플 남성이 이 여성과 함께 전 남편의 묘지를 찾아 꽃을 바친다. 이 남성이 여성의 옛 결혼 생활에 대한 추억을 너그럽게 존중해 주는 것이다. 여성은 그 호의에 응답하면서 현재의 남성을 또 깊이 사랑할 것이다.

예컨대, 자가용으로 1시간 정도의 거리에 양가 어른의 집이 있다면, 추석 명절 당일 모두 다닐 수 있을 것이다. 하지만 그 이상의 먼 거리라면 1~2년 단위로 번갈아 상대 배우자의 집에 가서 명절을 보내는 것도 좋다고 본다. 이렇게 서로에게 상응하는 배려를 하는 것을 편의상 '상호성'에 의한 응답이라고 할 수 있겠다. 하지만 상대가 언제나 배려에 능숙할 수는 없다. 그래서 가끔은 "당신이 평소에 내게 바라는 것이 있다면?" 하고 가볍게 물어 주고 응답하면서 변화해 간다. 이것 역시 니체적 의미의 자기극복이요, 생성이라 할 수 있다.

6

고통과 갈등에 대한 대처

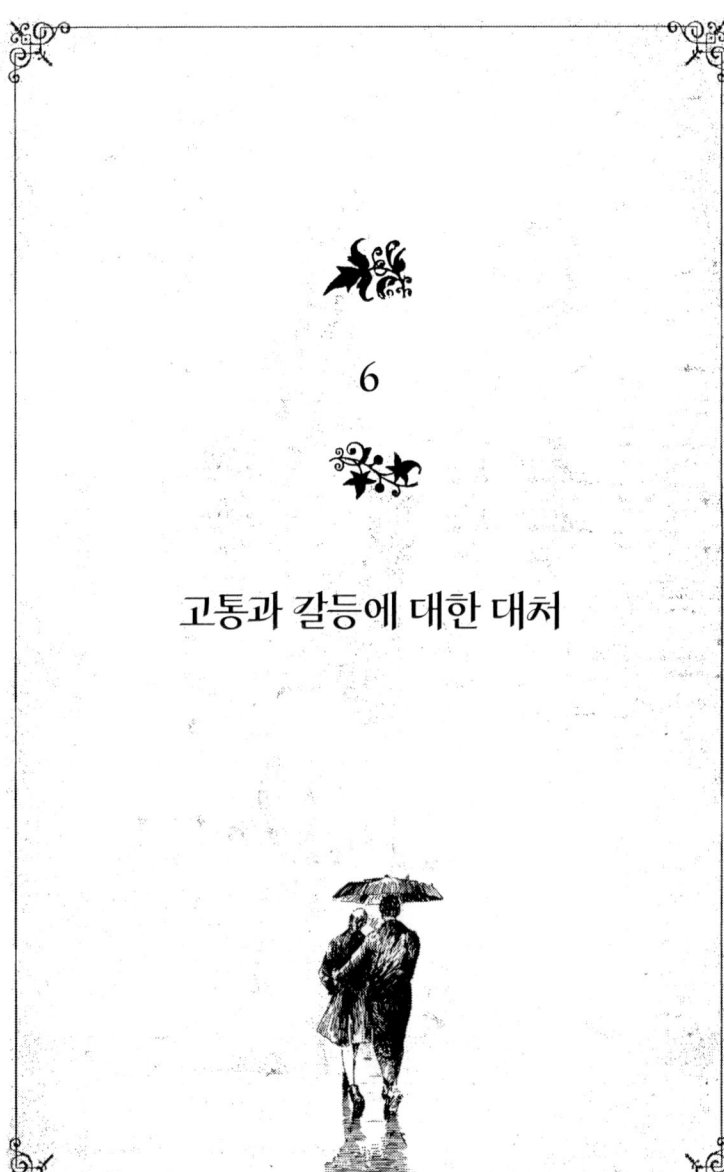

고통에 대해

여기서는 니체가 비중 있게 다룬 일반적 의미의 '고통'을 다룬다. 고통을 어떻게 인식하는가에 따라 생을 낙관할 수도 있고 비관할 수도 있다는 점에서 이 개념은 중요하다. 필자가 이탈리아를 여행하면서 느낀 사람들의 정서는 대체로 낙천적이었다. 그 외 생을 낙관하는 문화권은 얼마든지 있다. 이들에게도 삶의 고통이 없지 않을 텐데, 그들이 낙관적인 태도를 보여 주는 것은 삶의 고통을 대하는 방식에 차이가 있기 때문일 것이다.

한국인들은 예외도 있지만, 가족의 죽음, 암과 같은 중대한 질병의 진단, 배우자와의 갈등 등 삶의 위기 상황에서 종종 고통을 제어하지 않은 채 직접적으로 표출하는 경향을 보인다. 이러한 경향의 배경에 고통에 대한 과민함이 자리하고 있다고 생각된다. 부부 갈등도 흥분이 조절되지 않는 사례가 있다. 이때 자녀들이 정서적으로 타격을 받기 쉽다.

 그래서 갈등하는 부부는 일단 자녀들 앞에서 휴전 상태처럼 평정을 되찾아야 할 것 같다. 니체가 부모의 자격을 먼저 갖추자고 했던 것도, 부모의 감정적 자제력과 상호존중의 덕이 우선되어야 함을 강조한 데 따른 것이라고 할 수 있다. 차라투스트라는 이렇게 말한다.

> "그대는 기쁨에 대해 좋다(Ja)라고 말했는가? 그렇다면 그대는 또한 고통(Wehe)도 좋다고 말한 것이다. 모든 것은 사슬(verkettet), 실(verfädelt), 사랑(verliebt)으로 연결되어 있다. 만일 그대가 어느 한때(좋은 때)를 다시 원한다면, 또 '나는 당신을, 행복을, 찰나를, 순간을 좋아한다' 하고 말했다면, 그것은 그대가 모든 것이 되돌아오길 원하는 것이다."[64]

 니체가 '영원회귀' 개념 속에서 기쁨과 고통을 녹여 내고 있다. 영원회귀는 불교에서 말하는 윤회와는 다르다. 불교의 윤회는 고통의 사슬에서 벗어나 열반의 세계로 갈 수 있도록 권고한다. 불교에

---

64) ASZ, Vierter und letzter Theil : Das Nachtwandler-Lied, Nr. 10, s. 354.

서 삶은 고통의 바다, 곧 고해(苦海)로 해석된다. 기독교 그리고 쇼펜하우어도 성격상 이와 다르지 않다. 반면, 니체는 고통과 쾌락을 인간 삶의 필요 불가결한 두 속성으로 긍정한다. '모든 것이 되돌아온다'면 그 모든 것에는 고통과 쾌락이 동시에 들어 있다.

내가 연인을 사랑한다면, 그 사랑의 순간과 얽혀있는 모든 경험, 즐거움, 아픔을 대부분 수용한다는 의미가 되겠다. 더 나아가 고통이 없는 기쁨은 온전한 기쁨이 아니라고 생각할 수 있다. 로또에 맞아 생긴 큰돈이 쉽게 사라지는 것도, 그 돈을 벌기 위한 노력과 고통이 그 돈에 담겨 있지 않기 때문일 것이다. 따라서 지금의 행복은, 이전의 고통과 쾌락이 유기적으로 연관을 맺고 변주되어 온 결과가 아닐까?

여기서 니체가 제기하는 '운명애(Amor Fati)'가 얘기될 수 있다. 운명애는, 체념이 아니라 고통과 한계까지 자신의 일부로 긍정하면서 그 지점에서 창조적 의지를 발휘하는 주체적 태도다. 고통과 즐거움, 저주와 축복이 하나라고 느끼는 관점은 '가치전환'을 의미한다. 이는 '삶의 이중성'을 인정하는 중국 춘추전국시대의 노장사상(老莊思想)과 상통한다. 고통과 즐거움이 공존하는 삶의 속성과 엄연한 원리를 인정하는 데 익숙하지 않으면 생을 고통 자체로 해석하기 쉽다. 차라투스트라는 또 이렇게 말한다.

"나는 지금 가장 높은 산 앞에, 가장 긴 방랑(Wanderung) 앞에 서 있다. 하지만 나는 이전에 내려갔던 것보다 더 깊이 내려가야 한다. 일찍이 내가 내려갔던 것보다 더한 고통(Schmerz) 속으로, 고통의 가장 검은 홍수(schwärzeste Fluth)로 내려가야 한다. 가장 높은 산들은 어디에서 오는가? 언젠가 나는 그렇게 물었다. 그 때 나는 그것이 바다에서 온다는 것을 배웠다. 가장 높은 것은 가장 깊은 곳으로부터 나올 때 비로소 최정상에 오를 수 있다."[65]

여기서 '검은 홍수'는 단순한 고통을 넘어 극한의 고통과 슬픔, 혼돈의 상태를 의미한다. 니체는, 인간이 가장 높은 곳에 오르기 위해서는 오히려 가장 깊은 곳으로 내려가야 한다고 본다. 성장, 성취, 깨달음에 도달하려면 고통, 절망, 자기긍정을 거쳐야 한다는 것이다. 이는 돌싱 커플에게도 시사하는 바가 크다.

반면, 돌싱 커플의 사랑에 고통이 가능한 적게 개입되길 바라는 것도 자연스러운 일이다. 그래서 소통이 잘되는 연인을 만나고 싶

---

[65]   ASZ, Dritter Theil : Der Wanderer, s. 172-173.

어 한다. 그러나 현실에서 그런 연인을 만나기가 그리 쉽지 않다.
아니 거의 찾기 어렵다고 보는 것이 맞다. 본래 그렇게 완전한 인
간이 존재할 수 없다는 사실이, 니체로 하여금 인간을 사회, 문화,
개인적 요인이 상호작용하면서 끊임없이 변화하는 '자기형성'의 존
재로 규정하게 만든 것이라고 볼 수 있다.

이 때문에 커플이 서로 '의견 같음'과 '의견 다름'을 넘나드는 막
힘없는 대화 방식이 중요해 보인다. 돌싱 커플 각자가 혹은 함께,
인공지능을 포함한 인터넷 검색, 도서관 방문 등을 통해 인권선언
문, 양성평등, 행복추구권, 페미니즘 등 관련 자료를 찾아 숙지(熟
知)해 두는 것도 의식의 공감대를 만드는데 도움이 될 것이다.

다만 우리가 기억할 필요가 있는 것은, 니체가 인간의 존엄성, 권
리, 자유 등이 인간의 본성에서 필연적으로 도출된다는 계몽주의
적·근대적 관념을 거부한다는 것이다. 왜냐하면 이런 보편적·추상
적 가치들이 실재에 기반하지 않은 허구라고 보기 때문이다. 대신
니체는, 힘에의 의지를 갖고 자기자신을 극복하며 가치를 창조하는
실천행위를 중심으로 존엄성과 그 존재의 의미를 찾고자 한다.

소크라테스와 소피스트 그리고 니체

　　돌싱 커플 및 남녀의 의견 차나 성향의 차이도 상당 부분 인식의 차이에서 비롯된다고 할 수 있다. 예컨대 연락의 빈도, 기념일의 중요성, 데이트 방식, 감정 표현의 방식에서 차이가 생겨 갈등하는 때가 있다. 한쪽은 더 많은 애정표현을 원하는데, 상대방은 거리를 두고 싶어 하는 등 애착의 유형이 달라 당혹스러울 때도 있다.

　　또 경제적 문제, 신뢰와 질투, 미래에 대한 계획 등에서 인식의 차이가 종종 문제를 일으키기도 한다. 이런 사안은, 판단 기준이 하나인가 아니면 여럿인가, 도덕적 평가를 내리는가 아니면 인식의 차이를 인정하는가의 문제로 정리될 수 있다.

　　요컨대 판단 기준이 하나라고 주장할 때, 그리고 상황을 도덕적으로 평가할 때 갈등과 고통이 야기되는 경향이 있다. 여기서는 소크라테스와 소피스트 중 누가 사회에 고통과 분열을 조장하는지를 중심으로, 인식의 문제를 살펴본다.

소크라테스 : 소피스트

서양 인식론의 대표주자로는 근대의 데카르트, 로크, 칸트 등이 있으며, 고대에는 소크라테스와 소피스트가 인식의 문제를 처음 본격적으로 제기했다. 앞서 소크라테스를 다루었는데 여기서는 좀 더 자세히 본다. 프랑스의 철학자요 문학이론가, 장 프랑수아 리오타르(Jean-François Lyotard)는 이렇게 정리한다.

"(고대 그리스에서) 플라톤의 등장과 함께, 이 지역과 시대에 아주 이상한 변화가 일어나기 시작했습니다. 이제부터 토론에서 중요한 것은 누가 옳으냐의 문제입니다. 말하자면 누가 진리의 이름으로 말하는지가 중요한 문제입니다. 진리는 어디에 존재하는가? 이것이 소크라테스의 물음입니다. … (소크라테스의) 토론의 목표는 의견의 일치

입니다. 이제부터 변증법이 이중논증의 자리를 대체하게 됩니다."[66]

플라톤은 소크라테스의 제자이므로, 위의 인용문에서 플라톤을 소크라테스로 바꾸어 놓아도 무방하다. 위 내용은, 소크라테스의 등장과 함께 '진리는 하나다'라는 전제하에 옳은 의견이 다른 의견을 물리침으로써 승리하는 상황을 보여 주고 있다. 정반합(正反合)의 원리인 변증법에 의해 이중논증은 실종된다. 이중논증(二重論證)은 한 주제에 대해 두 논증을 모두 제시하는 논리적 방법이다.

소크라테스의 논변은, 상대방의 논리에 스며있는 모순을 드러냄으로써 사회의 기존 지배적 가치관 및 도덕기준에 의문을 제기하고 이를 해체하는 것이었다. 이것이 아테네의 젊은이들이 그를 따르게 한 이유일 것이다. 소크라테스 자신은 응하지 않았지만, 심지어 제자 중에 소크라테스를 동성애로 사랑하는 귀족 젊은이가 있을 정도였다.

한편, 지배적 가치와 권위에 의존하는 사람들의 보수적 관점에서 볼 때, 소크라테스의 등장은 토론이 설득되는가 안 되는가의

---

[66] 장 프랑수아 리오타르(Jean-François Lyotard), 『니체와 소피스트: 우리에게 필요한 논리』, 이상엽 옮김, (지식을 만드는 지식, 2016), p.37.

여부, 또는 이기고 지는 문제가 되어 한 쪽이 승리하면 기쁨을, 다른 쪽은 패배자가 되어 굴욕감을 느낄 수 있는 특징을 지닌다. 이 시기가 아테네의 민주정치가 퇴락하여 중우정치(衆愚政治)의 모습을 띠는 때와 맞물려 있다. 리오타르의 글을 더 본다.

"소피스트(Sophist)의 입장에는 이러한 요소가 전혀 없습니다. 소피스트의 경우, 평행을 유지하면서 반대 방향으로 나아가는 두 개의 입장이 스스로를 널리 퍼트리며 서로 연설(혹은 토론 — 필자)에서 만나 일정한 효과를 불러일으킵니다. 만약 어느 연설이 좋은 연극이 아니라면, 보다 강한 자가 승리합니다. 하지만 어느 연설이 좋은 연극이라면, 보다 약한 자가 승리합니다. 이것이 바로 관객이 관심을 가지는 점입니다. 최종적으로 어떤 누군가가 설득되었습니까? 어느 누구도 설득되지 않았습니다."[67]

소피스트[68]는 진리의 절대성을 부정하고, 말(로고스)의 힘과

---

67) 장 프랑수아 리오타르 / 이상엽, 앞의 책, pp. 37-38.
68) 소피스트는 기원전 4~5세기 고대 그리스에서 젊은 정치인과 귀족을 대상으로 철학, 수사학, 음악, 체육, 수학을 가르친 교사들이다. 이들을 덕(arete, virtue)의 교사들이라 할 수 있지만, 현대적인 의미로는 "영리하지만 기만적 혹은 지적으로 부정직하게 속이는 궤변론자"로 규정되기도 한다(위키백 2025. 5. 30. 검색). Sophistry는 "진실처럼 보이지만 실제로는 거짓인 논리와 주장을 펴는 것"을 뜻한다(브래티니커 영문 사이트, 2025. 6. 30. 검색).

수사학적 기교를 중시했다. 그들에게 논쟁은 진리를 찾는 과정이 아니라, 상대방이나 청중을 설득하는 기술적 행위의 성격을 띤다. 여기서 '연극'은 연설자가 자신의 입장을 효과적으로, 그리고 인상적으로 전달하는 상황을 비유적으로 표현한 것이다.

좋은 연극이 아닐 때, 즉 말솜씨나 연출이 특별히 뛰어나지 않을 때는, 논쟁에서 힘이 더 센 쪽, 다시 말해서 권력이나 영향력이 더 큰 쪽이 이긴다. 이때는 논리나 진실보다는 힘이 승부를 가른다. 반면, 좋은 연극일 때, 즉 말이나 연출이 매우 인상적이고 설득력이 있을 때는, 오히려 힘이 약한 쪽이 관객의 관심과 공감을 얻어 승리할 수 있다. 이 경우 관객의 감정과 반응이 결과를 바꾸는 결정적 역할을 한다.

소피스트는 '진리의 상대성'을 제기한 데 비해, 니체는 '진리는 해석일 뿐'이라고 주장했다. 그럼 니체가 계보상 소피스트를 계승한다고 볼 수 있을까? 그렇지는 않다. 물론 절대주의 진리관에 공통적으로 반대한다는 점에서는 유사성도 보인다. 하지만 소피스트가 진리의 존재보다는 수사학적(修辭學的) 맥락에서 실용적인 설득의 논리와 이익을 중시한 데 비해, 니체는 단순한 상대주의를 넘어 존재와 삶을 고민하고 새로운 가치창조를 제기했기 때문이다.

소크라테스의 산파술

소크라테스가 철학사에서 워낙 비중 있는 인물이라 그의 대화를 좀 더 본다. 아주대 의대 신호재 교수가 쓴 기고문을 참고한다. 소크라테스와 논쟁했던 소피스트 트라시마코스(Thrasymachus)가 이런 유명한 말을 했다. '정의(正義)는 강자의 이익'이라는 것이다.

이 말은 플라톤의 『국가』 1권에 나오는 내용으로, 정의(Justice)란 본래 하나의 보편적인 가치가 아니라, 권력의 강자가 자신에게 이익이 되도록 판단한 것이라는 뜻이다. 이런 정의 방식은 지금도 곳곳에서 발견되고 있다. 권력자가 하는 말이 곧 법이 되는 경우다. 하지만 소크라테스는 이를 반박한다.

    소크라테스: "어떤 사람이 환자를 치료해 주고 수가(酬價)를 받는다면 우리는 그것을 의술(醫術)이라고 불러야 할까요, 아니면 돈벌이라고 불러야 할까요?"

    트라시마코스: (조건을 달아 마지못해 답하며) "의술이라고 부르기는 해야겠지요. 의사는 결국 그것을 통해서 돈을 벌겠지만요."[69]

---

69) 신호재, 「정치는 강자의 이익을 위한 것이 아니며, 의술은 돈벌이가 아니다」, 『교수신문』, (2024. 4. 17.).

이렇게 소크라테스와 대화를 나눈 상대방이 산파술에 의해 설득당한다.

> 소크라테스: "그렇습니다. 의사는 의술로 돈을 벌지만, '돈벌이'는 부차적 결과일 뿐이고 의술의 참된 본질은 '환자를 치료하는 것'이지요. 양자(환자치료와 돈벌이)는 서로 차원을 구분해야 하는 별개의 것입니다. 즉 돈은 결과적으로 따라오는 것이지, 기술 자체의 본질이 아닙니다. 기술은 결코 그것을 사용하는 자를 위해서가 아니라, 그것의 다스림을 받는 쪽에 이득이 되는 것을 제공하는 것이니까요. 마찬가지로 통치도 강자가 아니라 약자를 위한 것이어야 합니다."[70]

그런데 소크라테스의 이런 변증법적 산파술은 배가 산으로 올라가는 가치전도와 궤변의 상황에서 방향을 잡아 주는 탁월한 방식이기도 하다. '이상적'인 성격을 띠는 것이다. 의술을 '의사(강자)의 돈벌이'가 아니라 '환자(약자)를 치료하는 행위'로 규정해 줌으로써 의술 본래의 목적을 환기시키고 있는 것도 그 예다. 반면, 트라시마코스가 내린 정의는 실제상황을 있는 그대로 드러낸다는 점에서 '현실적'이다.

---

70) 신호재, 앞의 자료. (2024. 4. 17.)

니체의 소크라테스 비판과 시사점

차라투스트라는 이렇게 말한다.

"어떤 사람들은 한 줌의 정의(Gerechtigkeit)에 긍지를 갖고 모든 것에 분노를 표출하며 망친다. 이 때문에 세계는 불의의 늪에 빠져 익사하고 만다. 아! 그들의 입에서 나오는 덕(Tugend)이란 말이 얼마나 가증스러운가! 그들이 '나는 정의롭다(gerecht)'라고 말하는 것이 내게는 '나는 복수했다(gerächt)'로 들린다. … 이처럼 거의 모든 사람들은 자신들이 덕을 안다고 믿으며, 누구라도 최소한 '선과 악'에 대한 판단에 있어 전문가이길 자처하고 있다."[71]

"나는 정의롭다"가 "나는 복수했다"로 들린다는 니체의 지적이 위트 있고 예리하다. 우리도, 시장(市場)에서부터 정당(政黨)까지 개인 혹은 집단 간의 의견대립이 진실공방보다는 보복의 경쟁으로 흐르는 모습을 종종 목격하고 있지 않은가? '어떤 사람들'은 자신이 도덕적 우월성을 갖고 있다고 믿으면서 타인을 비난하고 심판하는 사람들이다. 이들은 스스로 정의롭다고 믿지만 실은 상대에 대해 보복하

---

71) ASZ, Zweiter Theil : Von den Tugendhaften, s. 106.

고 있다. 니체는 이런 사람들을 '노예도덕'을 따르는 자들이라 한다.

니체는, 정의와 선악을 분별하기 위한 '진리판단'의 절대적 기준이 존재하지 않는다고 본다. 절대적 기준이 없기에, 진리는 오직 다양한 해석에 열려 있는 것이다. 소크라테스의 변증법은 현실을 이상화하려는 노력이지만, 니체에 따르면, 이 과정에서 인간의 욕망, 충동, 권력의지와 같은 생의 본능이 이성의 힘에 의해 억제된다. 니체는, 이것이 '삶에 대한 복수'이며 콤플렉스에서 야기된 것으로 볼 수 있다는 것이다. 차라투스트라는 이렇게 말한다.

"원숭이(Affe)는 인간에게 어떤 존재인가? 원숭이는 웃음거리 혹은 비통한 수치다. 그런데 인간이 초인에 대해서도 이와 같다. 그래서 인간은 초인에게 웃음거리 혹은 비통한 수치다. 그대는 벌레(Wurme)에서 인간(Menschen)으로 진화했고, 그대의 많은 것이 아직도 벌레다. 일찍이 그대는 원숭이였고, 지금도 어떤 원숭이보다 더 원숭이다."[72]

우리가 앞서 낙타, 사자, 어린이형 인간형을 살폈다. 여기서는 니

---

72) ASZ, Erster Theil : Zarathustra's Vorrede, Nr.3, s.14.

체가 다른 각도에서 인간의 정신적 진화를 비유적으로 표현하고 있다. 인간은 벌레, 원숭이, 인간, 초인의 순서로 진화 과정을 거칠 수 있다는 것이다. 물론 얼마든지 정체되거나 퇴행하기도 한다.

니체의 관점에서 보면, 소피스트는 현실의 다양한 욕망을 담아내고 있다는 점에서 일정정도 긍정적 평가를 내릴 수 있다. 반면, 소크라테스는 그의 논리전개의 탁월성에도 불구하고, 인간적 상태에 정체되어 있거나 원숭이 단계로 내려가고 있다는 평가가 가능할 수 있겠다.

결국, 소크라테스가 상황에 따라서는 사회에 고통과 갈등을 야기하는 측면이 있음이 관찰된다. 앞서 한번 언급했듯이, 니체가 그의 책 『우상의 황혼』에서 소크라테스를 최초의 데카당(Dekadent, 퇴행)이라고 부른 것도 이런 맥락에서 가능했을 것으로 보인다.

그렇다면 돌싱 커플은 소크라테스를 통해 인식의 합일점을 모색하되, 견해차가 드러날 때에는 소피스트를 따라 판단의 다양성을 인정하면서 인식의 폭을 넓히고 상대의 기를 살려 줄 수 있을 것이다. 그리고 니체를 따라 새로운 인식의 지평과 판단의 가능성을 열어 놓음으로써 자유로운 인식의 모험을 허용한다. 그러면 갈등이 끼어들 여지는 현저히 줄어들 것이다.

갈등이 생기는 계기

경험보다 상상이 앞설 때

 니체보다 앞선 독일의 철학자 칸트가 한 유명한 말이 있다. "개념 없는 직관은 맹목이고, 내용 없는 사상은 공허하다." 개념 없이 상황을 바로 보게 되면, 눈 뜬 장님처럼 상황인식에 실패한다는 것이다. 인식하는 개념적 틀이 없다는 것이 그 이유다. 비유컨대 영화 속 부시맨이 비행기에서 떨어진 콜라병을 보고도 무엇인지 알지 못하는 것은 콜라에 대한 개념이 없기 때문이다.

 반대로, 내용 즉 경험 없이 사유할 때도 역시 인식에 실패한다. 왜냐하면 경험이 없으면 진실을 모른 채 무한 상상이 가능해지기 때문이다. 부시맨에게 콜라병을 보여 주지 않고, 콜라를 먹여 주지도 않은 채 콜라에 대해 설명만 한다고 하자. 이때도 그가 콜라를 제대로 알기는 어려울 것이다.

경험의 중요성에 대한 또 다른 예로, 칸트가 『순수이성비판』에서 예로 든 것인데, 경험 없이 말(horse)에 대해 이야기만 들려준다고 하자. 그러면 듣는 사람은 한참 듣다가 말에다 날개도 달 수 있다. 세상에 존재하지도 않는 '날개 달린 말'을 상상할 수 있는 것이다. 남녀 관계에서도 경험을 공유하지 않거나 경험한 바를 신뢰하지 않으면 상상이 앞서 안 좋은 것, 극단적인 것을 떠올리기 쉽다. 또 사실의 원인을 인식하려 하지 않고 결과만 갖고 따질 때도 문제가 생긴다.

연인이나 배우자 간 대화에 어려움이 있을 때, 이따금 '남녀는 원래 생물학적으로나 심리학적으로 다른가?' 하고 의구심이 들 때도 있을 것이다. 그래서 관련 분야의 책을 구해 흥미롭게 읽기도 한다. 철학적으로는 소크라테스와 소피스트 그리고 니체와 같은 학자들의 인식론을 참고하면 될 것 같다.

인식 및 판단과 관련하여, 때로는 여성들이 남성에 대해 '물가에 내놓은 어린애'처럼 보는 경향도 있다. 이는 남성에 대한 애정이 깊어진 결과일 수도 있다. 하지만 과하면 서로 간 균형 잡힌 대화와 판단이 어려워진다. 남녀가 모든 사안에 대해 동일한 경험을 할 수 없는 데다, 직간접적인 경험을 공유해도 이번에는 해석의 우열을 놓고 갈등할 수 있기 때문이다.

어느 돌싱 커플이 함께 생활하는 중에, 집에서 길이 3~4센티 가느다란 머리핀이 발견되었다. 아내는 불현듯 의심이 든다. "이것은 내가 못 보던 건데?" 남편은 "당신 것 아닌가? 가끔씩 당신 머리핀 쓰잖아?"라고 했다. 아내는 자신이 핀을 종종 쓰긴 하지만 "내 것이 아닌 것 같아!"라고 답했다.

게다가 아내가 친구 및 선후배들과 2박 3일 여행을 다녀온 직후였다. 남편은 낮에 집을 비운 때도 있다. 이어서 상상이 시작된다. 남편과 잠시 언쟁이 이어진다. 그리고 아내는 집에 침입한 것 같다는 생각에 이르렀다. 이젠 남편도 그런 것 같다고 동의한다. 이어서 둘이 경찰에 알리자고 하여 신고했다. 경찰이 와서 정황을 파악하면서 분실물이 없는가 물었다. 집 안의 물건은 흐트러진 것 없이 그대로 있다. 경찰 2명과 부부는 함께 헛웃음을 터뜨렸다. 상상이 한참 앞서간 해프닝이었다.

니체에 따르면, 진리는 고정된 실체가 아니라 다양한 시각, 상이

한 세계관, 힘의 관계 속에서 끊임없이 재구성된다. 그만큼 진리인식이 상대적이고 불완전하다는 것이다. 이는, 우리의 인식이란 어디까지나 인간적 관점과 해석, 즉 '해석의 투쟁' 속에서 생성되는 것임을 의미한다. 칸트의 관점에서 보면, 물자체의 세계는 알 수 없지만, 개념을 많이 알고 있는 사람의 인식이 거의 '순수한 인식'에 도달한다. 그러나 니체는 이러한 '특권적 인식'을 인정할 수 없다는 입장이다.

그렇다면 돌싱 커플 또는 연인들이 어느 단계까지는 칸트의 인식론을 따라 잔잔하고 유쾌한 대화 속에서 개념과 경험을 꾸준히 공유하되, 니체의 관점을 따라 새로운 해석과 판단의 여지를 남겨두면 두 사람의 의견 차도 상당 부분 해소될 것이다.

'판단의 다양성'보다 '단일한 도덕적 평가'를 앞세울 때

차라투스트라는 선악의 단일한 기준을 고수하면 많은 것을 잃는다고 한다. 그는 이렇게 말한다.

"요람 속에 있을 때부터 사람들은 아이에게 '선'과 '악'이라는 말을 가르친다. 그리하여 아이가 자기를 온전히 사랑하지 못하게 한다. 그러면 아이는 자기내면에 얼마나 많은 훌륭한 잠재력이 깃들어 있는지, 그가 얼마나 멋있는 개성을 가지고 있는지를 깨닫지 못한다. … (그래서) 차라투스트라는 우리가 우리 자신만의 '선과 악'을 발견해야 한다고 말한다. 자신만의 '선과 악'을 발견한 자는 '만인(萬人)에 대한 선, 만인에 대한 악'이 있다는 통념을 극복한다."[73]

니체의 통찰력이 또 엿보인다. 즉 일찍부터 선악의 판단을 앞세울 때 인간 내면의 잠재력이 성장할 수 없다는 것이다. 그뿐만이 아니다. 앞서 4장에서 언급했듯이, 영혼이 신체보다 우월하다는 잘못된 종교적 가르침으로 육신을 버린 순교자, 신체를 가혹하게 다스린 고행자가 많다고 했다. 이 역시 잘못된 선악관과 무관하지 않다.

이렇게 도덕에 치우친 판단은 파괴력이 크다. 니체는 차라투스트라를 통해 기존의 도덕적 가치(선과 악, 금욕주의 등)를 전복하고, 새로운 가치를 창조(위버멘쉬)할 것을 주문한다. 즉, 니체의 차라투

---

[73] 박찬국, 『차라투스트라, 그에게 삶의 의미를 묻다』, (세창출판사, 2021), pp. 274-275.

스트라는 '도덕의 창시자'이자 '도덕의 자기극복자'로서 상징적 의미를 가진다. 니체는 금욕주의적 도덕과 기독교적 도덕이 인간의 본성과 삶의 긍정성을 억압한다고 비판했으며, 차라투스트라를 통해 이러한 도덕의 극복을 설파했다.

① 주인도덕 : 노예도덕

연구활동가로도 알려진 고병권의 쉬운 해설을 참고하여, 니체가 말하는 주인도덕과 노예도덕을 정리하면 이렇다.

"주인도덕에서는 상황을 '좋음(Gut)'과 '나쁨(Böse)'으로 판단한다. 예컨대 그리스 귀족사회에서 좋음(agathos)은 '온화한, 용감한, 능력 있는' 의미를 담고 있다. 반면, 나쁨(kakos)은 '소심한, 스타일이 엉망인' 의미를 담고 있다. 귀족들의 나쁨이라는 말에는 어떤 악의가 없이 '어떻게 그렇게 살았어?' 혹은 '그렇게 소심해서야' 하는 식의 연민도 들어 있다."[74]

---

74) 고병권, 『니체의 위험한 책, 차라투스트라는 이렇게 말했다』, (그린비, 2022), p.119-120.

이에 비해 "노예도덕에서는, 판단자인 자신들을 선(Gut)으로 규정하고, 자신들의 삶을 고통스럽게 하는 사람들에 대해서는 도덕적으로 나쁘다고 규정한다. 그래서 이때의 나쁨은 심각해져서 악(Übel)의 성격을 띤다."[75] 요컨대 주인도덕의 '좋음'과 '나쁨'이 노예도덕에서는 '선'과 '악'으로 질적 변화를 보인 것이다. 노예도덕은 보편적인 선이 있다고 믿고 이에 집착하는 경향을 보인다.

사람들 중 한 사람이 아무리 흥분해도, 상대방이 덩달아 흥분하지 않으면 싸움은 성립되지 않는다. 그래서 잠시의 흥분과 비난을 말없이 들어 주는 습관도 좋다. 그런데 상대방을 자극하고 흥분케 하는 것은, 상대의 언행에 대해 단순히 '차이' 나는 것으로 반응하지 않고 하나의 도덕적인 기준으로 '선악'을 평가할 때다. 선악의 판단은 무겁지만, 다름의 차이로 반응하면 가볍고 때로 경쾌하다. 차라투스트라는 이렇게 말한다.

"차라투스트라는 많은 나라와 민족을 보았다. 따라서 그는 많은 선과 악(Gutes und Böses)을 보았다. 그런데 이 민족이 선이라고 한 것이 다른 이들에 의해서는 경멸과 수치로 여겨졌다. 또 여기서 악으로 불

---

75) 고병권, 앞의 책, p.120.

린 것이 저기서는 진홍빛 영광(purpurnen Ehren)으로 찬양되었다."[76]

일례로 '거짓말하는 것은 나쁘다'는 것이 대체로 보편적인 규범이다. 하지만 '생명을 구하기 위해 거짓말을 할 수 있다'는 주장은 보편적인 규범에 의문을 제기하게 만든다. 니체의 위 견해는 선악의 기준이 실로 다양하다는 것을 의미한다. 단 하나의 선악에 대한 보편규범은 '이것 아니면 저것'이라는 흑백논리의 성격을 띤다. 흑백논리는 신속한 의사결정에 유용할 수 있지만, 복잡한 사안과 현실을 지나치게 단순화함으로써 중요한 맥락이나 중간지대를 간과한다. 차라투스트라는 이렇게 말한다.

② 통속적인 도덕 : 선악의 판단

"고귀한 자(ein Edler)는 착한 자들에게 방해물이다. 착한 자들이 고귀한 자를 착한 사람이라고 말할 때조차도, 그들은 그런 방식으로 고귀한 자를 제거하려고 한다. 고귀한 자는 새로운 것, 새로운 가치를 창조하고자 한다. 착한 자는 오래된 것을 간직하려고 하고,

---

76) ASZ, Erster Theil : Von tausend und Einem Ziele, s.67.

또 옛것(das Altes)을 보존하려고 한다."[77]

여기서 '고귀한 자'는 선악을 넘어서 판단하는 사람, 기성 가치의 폐단을 극복하려는 사람이다. '착한 자'는 인간을 억압하는 기존의 관습과 도덕을 잘 따르는 사람들이다. 차라투스트라가 또 이렇게 말한다.

"모든 존재(Sein)는 증명하기 어렵고 말을 시키기도 어렵다. 나의 형제들이여, 내게 말해 다오. 가장 기묘한 것(Wunderlichste)이 가장 잘 증명된 것이 아닐까? 그렇다. 자아(Ich), 자아의 모순과 혼란이 자신의 존재에 대해 가장 정직하게 말한다."[78]

마치 손으로 안개를 잡으려고 할 때 잡히는 것이 없는 것처럼, 존재를 명확하게 증명하는 일은 어렵다. 이 어려움은, 진리가 항상 분명하게 드러나지 않는다는 것을 의미한다. 규정하기 어려운 묘한 상태라고 하는 것이 낫다. 내 마음속의 혼란과 모순도 마찬가지다. 그래서 내가 나 자신을 이해하지 못하는 그 기묘한 느낌이, 내가 '존재한다'는 솔직한 증거일 수 있다.

---

77) ASZ, Erster Theil : Vom Baum am Berg, s.50.
78) ASZ, Erster Theil : Von den Hinterweltlern, s.36.

노자『도덕경』14장에 이런 말이 있다.

"그것은 보려고 해도 보이지 않는다. 그래서 이(夷)라고 한다. 그것은 들으려고 해도 들리지 않는다. 그래서 희(希)라고 한다. 그것은 손으로 잡으려고 해도 잡히지 않는다. 그래서 미(微)라고 한다. 이 세 가지는 말로 구명(究明)할 수 없다. 그러므로 통틀어 하나(道)라고 한다."[79)]

노자가, '도(道)'는 눈에 보이지도, 귀에 들리지도, 손에 잡히지도 않는 아주 신비롭고 설명하기 어려운 근본 원리라고 한다. 즉, 우리가 느끼거나 설명할 수 없는, 모든 것의 바탕이 되는 무형의 진리라는 것이다. 따라서 남녀 간에도 시비선악(是非善惡)을 평가하기보다 가능한 유보하고 기다리는 것이 필요해 보인다.

돌싱 커플 중 한 사람이 상대방을 이해하려 하지 않고, 자신의 입장에서 상대의 언행을 좋다, 나쁘다로 평가하며 흥분할 수도 있다. 이것은, 평가자의 기대에 어긋난 것에 대한 좌절감과 혼돈의 표현이기도 하다. 이때 상대방은 그 혼돈이 가라앉을 때까지 일단

---

79) 노자,『노자 도덕경』, 남만성 옮김, (을유문화사, 1989), p. 54.

기다려 주는 것도 좋다. 그리고 오해하고 있는 것은 상대에게 차분히 알려 준다. 이런 습관이 갈등이 증폭되는 것을 막아 준다. 차라투스트라는 또 이렇게 말한다.

"나는 그대들에게 말한다. 인간이 춤추는 별을 탄생시키기 위해서는 내면에 혼돈(Chaos)를 간직하고 있어야 한다. 아직 그대들 마음속에는 혼돈이 남아 있다. 그런데 아! 인간이 춤추는 별을 낳을 수 없는 때가 올 것이다. 이런! 스스로를 경멸도 할 줄 모르는 가장 경멸스러운 시대가 올 것이다."[80]

니체에 따르면, 자기 상승의 열망과 참된 지혜는 깊은 심연에서 더 강하게 동기화된다. 이는, 인간이 스스로를 경멸하고 몰락할 수 있을 때, 비로소 더 높은 존재로 나아갈 수 있음을 의미한다. 니체적 관점에서 볼 때, 지구환경 문제, 진보와 보수의 극한적 이념대립, 저출산과 관련된 차별의 문제 등을 깊은 심연에서 보고 창조적으로 해결하지 못하면 경멸조차도 사치스러운 시대로 몰락할 수도 있을 것이다.

---

80) ASZ, Erster Theil : Zarathustra's Vorrede, No. 5, s. 18.

돌싱 커플의 경우에, 갈등과정에는 상대나 자신에 대한 경멸, 성찰 등의 과정을 거쳐 서로에 대한 이해의 시선에 이르기까지는 혼돈과 질서를 오갈 것이다. 도덕적 평가는 상대를 품격 있는 모습으로 인식하게도 만들지만, 대체로 도덕은 상대를 비하함으로써 갈등을 촉발시키는 역기능이 많다. 그래서 "사랑에서 비롯된 모든 행동은 선과 악의 경계를 넘어선 곳에서 일어난다."[81]라는 니체의 말이 여운을 남긴다.

부분과 전체를 혼동할 때

돌싱 커플의 남성이 끊임없이 말하는데 여성은 벽을 바라보며 울기만 한다. 둘의 심리적 거리는 좁혀지지 않았다. 감동 없고 설득력 없는 말, 자기 합리화로만 흐르는 남성의 일방적인 말 때문이다. 차라투스트라가 이렇게 말한다.

---

81) Nietzsche, F. / Ulrich Baer, Nietzsche on Love (Printed in the United States of America: Warbler Press, 2020), p. 2.

"그들은 모든 것을 얘기하지만 아무것도 이뤄진 것이 없고 매듭지어진 것이 없다. 모두가 꼬꼬댁 울지만 누가 조용히 둥지를 틀고 앉아 알을 부화하려 하겠는가? 모든 것에 대해 말하지만 그 모든 것에 대해 하나같이 입씨름(zerredet)을 한다."[82]

이에 대해 홍익대 백승영 교수가 이렇게 풀이한다.

"독일어의 입씨름(zerreden)은 어떤 것에 대해 지나치게 세부 단위 하나하나를 파고들어 이러쿵저러쿵하는 통에, 원래 취지나 의미를 상실하고 어떤 영향도 끼칠 수 없게 되어 버리는 상황을 뜻한다."[83]

돌싱 커플은 갈등이 생기지 않게 또는 갈등이 생겼다면 조기에 해소하기 위해, 사안을 전체적으로 이해하려 하고, 이해가 어려우면 인정하면서 상대를 믿어 주면 될 것이다. 그리고 의견은 간결하면서도 단정 짓지 않는 언어습관을 보여 주면 좋겠다. 이럴 때 사려 깊다고 말할 수 있다. 잠깐 시인 김종삼의 시를 본다.

---

82) ASZ, Dritter Theil : Die Heimkehr, s. 208-209.
83) 니체, 『차라투스트라는 이렇게 말했다』, 백승영 옮김, (사색의 숲, 2022), p. 380.

물 먹는 소 목덜미에

할머니 손이 얹혀졌다

이 하루도 함께 지났다고,

서로 발잔등이 부었다고,

서로 적막하다고[84]

  우리는 이 시에서, 할머니와 소가 고단한 하루를 보낸 후에 함께 외로움을 달래는 따뜻한 동지애를 느낄 수 있다. 남녀가 그런 심경으로 서로 내면의 심리, 내면의 아름다움을 이해하고 격려하면서 하루를 마무리하면 갈등이 끼어들 여지는 없을 것이다.

  니체도 그의 책 『인간적인 너무도 인간적인』 2장에서 '전체적인 인간'을 강조한 바 있다. 이는 인간을 부분이 아닌 전체로서, 즉 동기, 행동, 결과를 모두 아우르는 관점에서 존재를 보자는 것을 뜻한다. 상대를 전체적으로 보려면, 어느 시점부터는 상대의 지위, 경제력, 학력 등 외적인 조건을 가능한 멀리할 수 있어야 할 것 같다. 이때 상대의 내면이 보인다. 차라투스트라는 또 이렇게 말한다.

---

84) 김종삼, 『북치는 소년』 (민음사, 2012), p. 12.

"많은 항아리(Topf)가 깨져 나간들 뭐 그리 놀랄 일인가! 마땅히 웃어야 할 때가 있으니 그대 자신에 대해 웃어 주는 법을 배워라! 그대 더 높은 인간이여, 아직도 얼마나 많은 가능성이 그대 앞에 열려 있는가! 또 이미 얼마나 많은 것이 실현되었는가! 대지(Erde)는 작고 아름다우며, 완전하고(vollkommen Dingen) 잘 만들어진 것들로 가득 차 있다. 웃을 이유를 못 찾았다고? 그것은 그대가 제대로 찾지 못해서다. 아이(Kind)조차도 그 이유를 찾아내고 있거늘. 그대는 충분히 사랑하지 않았던 것이다."[85]

항아리가 좀 깨져 나가면 어떤가? 제대로 된 것 하나 건지면 되는 것이다. 서로에게서 웃을 이유를 찾지 못했다면, 발견하는 눈을 아직 뜨지 않았기 때문이다. 대지와 인간에게 웃을 이유가 얼마나 많은가? 큰 것만 볼 것이 아니라 작은 것에서 얼마든지 아름다움을 읽어낼 수 있다. 여기서 사랑의 대상은 대지, 삶, 세계, 자기 자신이다. 이럴 때 돌싱 커플도 더 많이 웃을 수 있지 않을까? 차라투스트라는 소제목 '왜소하게 만드는 덕'에서 이렇게 말한다.

---

[85] ASZ, Vierter und Letzter Theil : Vom höheren Menschen, Nr. 15-16, s. 323.

"나는 사소한 것 일체에 대해 점잖게 대한다. 사소한 것에 날을 세우는 것은 고슴도치(Igel)의 지혜일 뿐이니. 저들(관념과 이성의 숭배자들 — 필자)은 밤에 불가에 앉아 내 이야기를 한다. 그들이 나에 대해 말하지만 아무도 나에 대해 생각하지 않는다. 이것이 내가 배운 새로운 고요함(Stille)이다. 저들의 소음(Lärm)은 내 사상(Gedanken)을 외투로 덮어 버린다."[86]

전통적으로 관념론자와 종교인들은 감각, 열정, 본능을 억누르고 이성을 숭배하면서 단지 인간을 정신, 머리로만 취급해 왔다. 니체는 여기에 반대한다. 위 내용은, 이성을 숭배하는 학자들이 니체에 대해 쑥덕공론하는 장면을 연상케 한다. 그들의 소음 같은 말이 외투처럼 덮고 있어도, 니체는 그 속에서 고요한 사유를 즐긴다. 돌싱 커플도 사소한 것은 접어두고, 관념과 이성에 치우친 관행과 제도에 영향받지 않으면서 건강한 사랑의 교감과 행복을 느끼고 음미하는 습관을 갖는다.

---

86) ASZ, Dritter Theil : Von der verkleinernden Tugend, Nr. 2, s. 189.

주고받는 사랑에서 창조적인 사랑으로

서로 사랑하는 대부분의 남녀는 사랑을 받는 것뿐만 아니라 주는 데도 익숙하다. 그래서 사랑을 받는 것으로만 생각하는 이는 드물 것이다. 그런데 니체는 한술 더 떠 창조하는 사랑을 얘기한다. 차라투스트라는 이렇게 말한다.

> "모든 위대한 사랑(grosse Liebe)은 사랑을 원하지 않는다. 대신 그 이상을 원한다. … 모든 무조건적인 자들을 멀리하라! 그들의 발은 무겁고(schwere) 마음은 무겁다(schwüle). 그들은 춤을 출 줄 모른다. 그들이 어떻게 대지에게 가벼울 수 있겠는가?"[87]

니체에 따르면, 위대한 사랑은 주고받는 사랑의 단계에 머물지 않는다. 대신 사랑을 통해 더 높은 가치, 더 넓은 세계로 '그 이상'을 추구한다. 여기서 '무조건적인 자들'은, 예수의 현실 긍정과 사랑의 메시지를 왜곡한 사도 바울과 기독교 사제들, 절대적 관념을 추종하는 사람들이다. 니체가 기독교를 비판하는 것은, 천국과 같은 상상의 세계를 마치 실재하는 것처럼 여기면서 현실에서 도그

---

87) ASZ, Vierter und letzter Theil : Vom höheren Menschen, Nr. 16, s. 323.

마와 허무주의적 경향을 전파하는 데에서 비롯된다.

니체는 예수 개인에 대해 소박하고 진실한 사랑의 실천적 모델로 긍정 평가를 내리면서 일정 부분 존경을 표한다. 그래서 니체가 예수를 기독교와 분리해서 보았다는 견해가 지배적이다. 무조건적인 자들은 현실에서 행복을 구하지 않아 몸과 마음이 무겁다. 왜냐하면 현실을 부정하고 내세의 행복이나 절대적 가치를 쫓으면서 삶의 경쾌함을 잃기 때문이다.

사랑도 '주는가 아니면 받는가'와 같은 단일 구도로 접근할 때에는 관계가 무거워질 수 있다. 받는 사랑에 익숙한 사람은 타인의 "사랑으로 마음을 채워야 하니 오히려 가난하다"[88]라는 의구심을 살 수도 있다. 게다가 이런 사랑은 사랑을 주는 상대를 지치게 한다. 차라투스트라는 이렇게 말한다.

"그대들 최선의 사랑도 단지 황홀한 비유(verzücktes Gleichniss)요, 고통스러운 열화(熱火, schmerzhafte Gluth)일 뿐이다. 사랑은 그대들에게 더 높은 길을 비춰주는 횃불이다. 언젠가는 그대들을 넘어서

---

88) 니체, 『차라투스트라는 이렇게 말했다』, 백승영 옮김, (사색의 숲, 2022), p. 576 참조.

사랑해야 한다! 먼저 사랑하는 법을 배우라! 그렇다면 그대들 사랑의 쓴 잔을 마시지 않으면 안 된다."[89]

때로는 영원할 것 같은 사랑도 한순간의 열정에 불과했다고 느껴질 때가 있다. 사랑의 감정을 지속시키지 못했을 때 이런 생각이 들 것이다. 이를 보면, 모든 것을 다해 사랑했던 신체적·정신적 기쁨의 기억을 자주 회상할수록 사랑은 지속되는 힘을 얻는 것 같다. 앞서 망각을 언급했는데, 이때는 기억의 힘에 의존한다.

사랑의 상승과 창조

그럼 니체의 말처럼, 현재의 사랑을 횃불로 삼아 상승하는 것이란 어떻게 하는 것일까? 예컨대, 돌싱 커플이 인류의 어두운 심연을 보고 이를 주제별로 알리는 작업을 할 수도 있다.

"에코뮤지엄이 때에 따라서는 다크 투어리즘(dark tourism)으로

---

89) ASZ, Erster Theil : Von Kind und Ehe, s.81.

분류되기도 한다. 베트남 전쟁, 킬링필드의 현장을 담은 캄보디아의 제노사이드(genocide), 원전사고로 인해 큰 피해를 본 체르노빌, 세계대전의 중심에 있었던 독일의 다하우 수용소와 폴란드의 아우슈비츠 수용소를 탐방할 수 있다."[90]

이어서 전쟁과 원자력 발전에 의한 인간의 치명적 오류를 정리, 해석하고 데이터화해서 NGO 단체와 공유할 수 있을 것이다. 이는, 세기를 앞질러 인류의 퇴행을 비판했던 니체의 문제의식에 잘 부합한다. 또 에코뮤지엄 관련 경기도 시흥의 사례는 이렇다.

"서로 돕고 나누고자 하는 마음으로 시작한 '시흥 바라지 에코뮤지엄 연구회'는 시민, 전문가, 공무원들로 구성된 지역 민관협의체로 매월 한 차례씩 모임을 가졌다. 시흥의 대표적인 자연환경, 문화·역사 자원의 가치를 찾아 문화예술적으로 재해석하고 지역문화 보존과 가치 있는 활용 방안을 모색한다."[91]

---

90) 김성균 & 오수길, 『에코 뮤지엄』, (미답북스, 2022), p.9. (에코뮤지엄은 '에코(Eco, 생태·환경)'와 '뮤지엄(Museum, 박물관)'이 합쳐진 말로, 전통적인 박물관처럼 건물 안에서 전시품을 관람만 하는 것이 아니라, 마을이나 지역 전체를 하나의 박물관으로 보고 그 안에 있는 자연, 문화, 역사, 산업 등 다양한 유산을 현장에서 보존하고 활용하는 '지붕 없는 박물관'을 의미한다).
91) 김성균 & 오수길, 위의 책, p.162-163.

우리가 로컬 푸드의 건강성을 떠올릴 수 있듯이, 이런 활동이 문화, 자연, 인간의 건강성을 회복하는 생태문화 운동으로서 미래지향적인 가치가 높다. 돌싱 커플 또는 사랑하는 남녀가, 이런 시대적 흐름을 읽고 치유, 회복, 보존하는 활동에 참여하는 것은 그 자체로 고귀할 뿐만 아니라 사랑이 위버멘쉬로 고양되는 것을 의미한다. 차라투스트라는 인간에 대해 이렇게 규정한다.

"대지는 피부로 덮여 있다. 그런데 이 피부는 여러 질병(Krankheiten)을 갖고 있다. 그 병 가운데 하나가 인간(Mensch)이다."[92]

인간이 '대지의 피부병'이라는 말이 우리를 웃게도 하지만 이내 생각에 잠기게 한다. 결국 니체가 주문하는 남녀의 창조적 사랑은 에로스적 사랑에 인류애를 접목시키는 것이라고 할 수 있겠다. 지복(bliss)은 이렇게 현실에 있다.

---

92) ASZ, Zweiter Theil : Von grossen Ereignissen, s.149.

갈등: 깊은 사랑의 계기로

차라투스트라는 이렇게 말한다.

"인간은 평등하지 않다. 또한 평등해서도 안 된다. 위버멘쉬를 위한 나의 사랑은 대체 무엇을 의미하는가? 사람들은 천 개의 다리와 좁은 길을 통해 미래로 가야 한다. 그리고 그들 사이에는 더 많은 싸움과 불평등이 있어야 한다. 나의 위대한 사랑은 내게 이렇게 말하도록 한다! 삶은 높이가 필요하기 때문에 계단(Stufen)과 모순(Widerspruch)이 있어야 한다."[93]

평등의 가치는 그것의 긍정적인 효과에도 불구하고, 인간을 평균적으로 만든다는 점에서 문제가 있다. 니체에 따르면, 평등의 이

---

93) ASZ, Zweiter Theil : Von den Taranteln, s.114.

면에는 독거미 '타란툴라(Tarantel)'처럼 꿈과 상승의 기운을 마비시키는 속성이 숨어 있다. 대신 니체는 평등보다는 힘의 차이에 주목할 것을 제안한다.

정동호 교수는 이런 니체의 생각을 "힘의 세계에서는 힘의 불균형에서 오는 불평등이 정의"[94]라고 해석한다. 이는, 인간 사이의 역량의 차이 곧 불평등을 용인할 때 불필요한 갈등도 사라진다는 것을 의미한다. '천 개의 다리와 좁은 길'은 사람들마다 초인으로 향하는 길이 다르면서도 자신에게는 유일한 것임을 뜻한다. 차라투스트라는 이렇게 말한다.

> "아름다움조차도 그 안에는 투쟁(Kampf), 불평등(Ungleiches), 힘(Macht)과 그 힘을 넘어서는 권력을 위한 전쟁이 내포되어 있다. 둥근 천장과 아치는 서로 다투면서 굴절되는데, 그 모습이 거룩하다. 그들은 서로 빛과 그늘로 대립하고 있다. 나의 벗들이여, 우리도 이와 같이 태연하고 아름답게 적(Feinde)이 되자. 우리 서로에게 대립하며 거룩하게 분투하자!"[95]

---

94) 정동호, 『니체 '차라투스트라는 이렇게 말했다' 해설서』, (책세상, 2022), p. 227.
95) ASZ, Zweiter Theil : Von den Taranteln, s. 114.

니체의 빛나는 통찰력은 계속 이어진다. 아름다움이란 본래부터 영롱하게 빛나는 것이 아니라 투쟁과 굴절의 결과물이라는 것이다. 돌싱 커플에게도 크고 작은 갈등이 필연적으로 찾아온다.

좋은 싸움

차라투스트라가 말한다.

"새로운 전쟁(Kriegen)을 위한 수단으로서 평화(Frieden)를 사랑하라. 그리고 긴 평화 보다 짧은 평화를 더 사랑하라! (지금껏) 어느 누구도 이런 말을 하지 않았다. 즉 '무엇이 선(Good)인가? 용감한 것이 선이다. 좋은 싸움(Der gute Krieg)은 모든 것을 신성하게 만든다.'[96]

니체의 위버멘쉬는 긴 평화 속에서는 성취하기 어렵다. 오히려 긴 평화보다는 짧은 평화, 또는 자기 자신 및 인습과의 투쟁을 통해서 견실하게 획득되고 강화된다. 투쟁과 전쟁이 긍정의 효과를

---

96) ASZ, Vierter und letzter Theil : Gespräch mit den Königen, Nr. 2, s. 272.

낸다면, 남녀 관계에서 '좋은 싸움'이란 무엇인가?

은유와 유머로 상대에게 의견이나 판단을 전한다. 상대가 거부하면 강하게 어필하지 않는다. 상대의 판단에 대해서 간결하고 분명한 이유로 찬성이나 반대하고, 응답을 바로 기대하지 않는 여백의 미학을 보여 준다. 은근한 긴장이 있을 수 있다. 절제가 잘 안 되어 다소 격해지면 잠시 그 상태에서 스스로를 표현하게 한다. 하지만 그 긴장과 격한 감정이 상대의 고정된 실체라고 여기지 않는다. 조희연 전 서울시 교육감이 이렇게 말한다.

"부부 싸움이 격화되면 때로 접시도 깨진다. '이런 짐승' 같은 거친 말도 터져 나온다. 만일 부부 싸움이 끝난 이후에도, 싸움 과정에서 사용된 그 격정적 언어를 실체로 생각하고 상대방을 '짐승'으로 생각한다면, 그 가정은 이미 해체 위기에 직면해 있다고 봐야 할 것이다. 최근 들어 우리 사회가 해체 위기의 가정처럼, 정치적·사회적으로 생각이 다른 상대방을 '진짜 짐승'으로 생각하고 싸우는 경우가 많다고 느낀다."[97]

---

97) 조희연, 「정치 이야기, 금기시 말고 '공존형 토론'을」, 『중앙일보』, (2023. 5. 17.).

니체가 다른 책에서 한 말을 잠깐 인용한다.

"삶의 의지는 조건 없는 '힘에의 의지'로 강화될 수 있어야 한다. 인간에게 있는 속성으로서 모든 종류의 유혹술과 악의(惡意), 포학함, 맹수와 뱀 같은 기질이 그 반대편의 것에 못지않게 인간이라는 종(種)의 향상에 기여한다."[98]

남녀가 서로 사랑할수록 직업, 스포츠와 같은 취미 활동, 종교 활동 등을 함께 하길 원한다. 자연스러운 모습이다. 하지만 각자 자신의 관심 분야에서 '힘에의 의지' 곧 자기성장을 꾀하다 보면 커플이 늘 함께하지 못할 수가 있다. 여기서 기대와 현실의 차이로 갈등이 생기기도 한다. 이런 일상의 차원을 넘어 철학적으로 '차이'는 니체의 영향을 받은 프랑스 철학자 들뢰즈(G. Deleuze)의 주요 개념이기도 하다.

들뢰즈에 따르면, 반복(repetition)은 단순한 복제가 아니라 매번 작지만 의미 있는 차이(difference)를 동반한다. 따라서 그의 철학에서 반복과 차이는 세계가 끊임없이 새로워지고 생성되는 근본 원

---

98) Nietzsche, F. / Judith Norman, Beyond Good and Evil, (Cambridge University Press, 2002), No. 44, pp. 41.

리로 작동한다.

그렇다면 돌싱 커플의 사랑도 이러한 '차이'에 더 관대해질 수 있을 것이다. 각자가 자신의 세계를 충일하게 만들면서도 상대에게 '스스로 구르는 바퀴' 또는 '최초의 운동자'로서 자기창조를 하도록 격려한다. "모든 위대한 사랑(Liebe)은 (단순한) 동정(Mitleiden)을 넘어선다. 왜냐하면 사랑하는 대상을 창조하려고 하기 때문이다."[99] 차라투스트라는 또 이렇게 말한다.

> "'삶의 의지(Willen zum Dasein)'라는 말로 진리를 쏘아 올린 자는 적중하지 못했다. 이 의지는 존재하지 않는다. 왜냐하면 '존재하지 않는 것'은 의지를 가져 봐야 소용없고, '존재하는 것'은 (이미 있으니) 존재를 욕망할 필요가 없기 때문이다! 나는 그대에게 가르친다. (물론) 생이 있는 곳에는 의지가 있다. 그러나 그것은 '생의 의지(Wille zum Leben)'가 아니라 '힘(권력)의 의지(Wille zur Macht)!'다."[100]

니체가 쇼펜하우어를 비판하고 있는 대목이다. 쇼펜하우어는 인간을 움직이는 것이 '생의 의지'라고 했다. 이는 관념철학을 비판하

---

99) ASZ, Zweiter Theil : Von den Mitleidigen, s.101.
100) ASZ, Zweiter Theil : Von der Selbst-Überwindung, s.130.

는 메시지로서 의미심장한 선언이다. 그러나 니체는, 인간이 이미 생을 이어 가고 있기 때문에 '생의 의지'를 굳이 강조할 필요가 없다고 본다. 대신 니체는 인간을 움직이는 근본동력을 '힘에의 의지'로 간주한다. 이는 곧 자기초극(위버멘쉬)의 의지를 말한다. 이 의지는 전사(warrior)의 기질을 필요로 한다. 차라투스트라가 말한다.

"훌륭한 전사들(Kriegsmanne)에게는 '나는 원한다(ich will)'보다 '그대가 해야 한다(du sollst)'가 더 훌륭한 덕이다. 그대가 바라는 것을 먼저 명령받아야 한다. 인간은 초극되어야 할 존재다. 복종과 전쟁의 삶을 살자!"[101]

니체에 따르면, 인간이 초월적 존재가 되려면, "나는 하고 싶다, 나는 원한다"와 같이 단순히 자기욕망에 따르는 것만으로는 부족하다. 대신, "그대가 해야 한다"와 같이 대의에 충실한 명령을 받거나 스스로에게 그 명령을 부과해서 그것에 기꺼이 복종하는 태도가 필요하다. 그런데 이 자기초극의 삶이 순탄할 수만은 없다. 그래서 전통적 관습, 관행, 집단의식은 물론이고, 때로는 자기 자신과도 싸워야 할 때가 있다.

---

101) ASZ, Erster Theil : Vom Krieg und Kriegsvolke, s. 54.

7

연인 사이의 돈거래

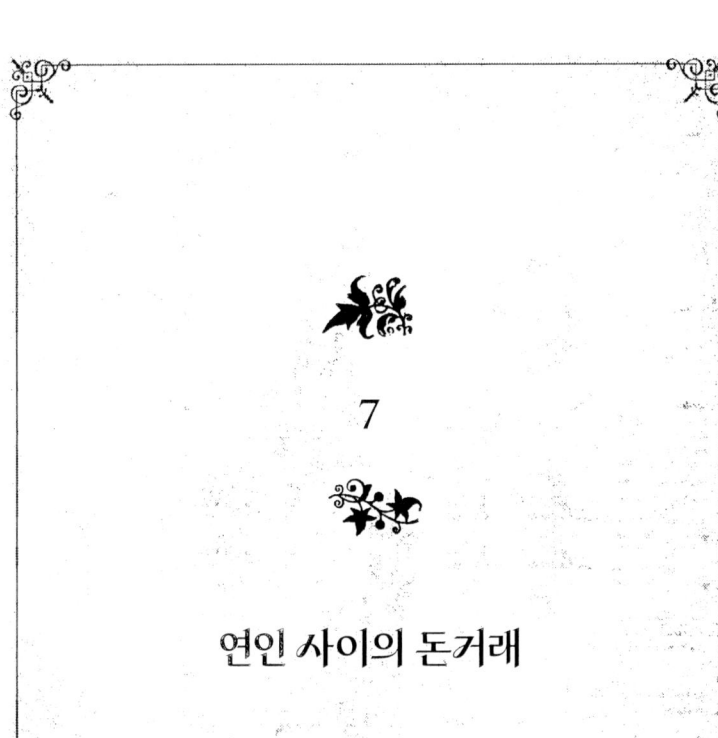

돌싱 커플의 경제학

지금부터는 자기초극의 사랑의 원리를 좀더 구체적인 현실에 응용하여, 연인 간 돈거래에 대해 알아본다. 이에 대한 국내외의 공식통계는 찾기 어렵다. 하지만 상담 등의 사례를 보면, 연인 사이의 금전 거래는 생각보다 빈번하게 발생하고 있다. 금액도 소액부터 수천만 혹은 억대까지 다양하다. 돈에 대해서는 두 가지 상반된 가치관이 있다.

하나는, 경제적으로 어려울 때 돕는 친구가 진정한 친구라는 생각이다. 따라서 연인 관계에서도 돈을 꿀 수 있다고 본다. 그래서 도움을 주고받으며 사랑도 한층 키워 간다고 생각한다. 반면, 돈은 은행에서 빌리고 내 연인에게는 부담주지 않는다는 입장이 있다. 그래서 사랑에만 충실하겠다고 생각하는 것이다. 두 입장에 우열은 없다.

한편, 돌싱 커플의 연인 관계가 '다시 이별하는 이유'에 대한 흥미로운 통계가 있다. 2023년 자료에 따르면, 높은 비율 순서로 이별의 원인을 보면 '숨겨 둔 빚, 양육자녀, 종교, 부양 대상 부모'였다.

> "황혼·재혼을 희망하는 돌싱남녀 516명을 대상으로 전국단위 설문조사를 한 결과, 남성은 '빚', 여성은 '양육자녀'를 가장 큰 이유로 지목했다. 남성의 답변에서 '빚'이 33.3%로 가장 많았다. 이어 '양육 자녀(25.2%)', '종교 강권(19.0%)', '부양 대상 부모(15.1%)' 순으로 나타났다. 여성은 '양육 자녀'라고 답한 비중이 32.2%로 가장 높았다. 이어 '질병(27.1%)', '부양 대상 부모(22.1%)', '빚(14.3%)' 순으로 집계됐다."[102]

필자가 진지하게 들은 경험담으로서 2가지 사례를 본다. 첫째, 돌싱남이 말한다. "내가 혼자 되고 40대 초중반에 연인을 만났어. 그런데 상대가 자신에게 빚이 1억 3천만 원이 있다고 했어. 그 얘기를 들으니까 고민되더라구. 내가 월 보수 300만 원을 받아서 생활비와 양육비를 쓰면 크게 남는 것이 없었고, 상대도 나랑 함께 채무를 청산할 정도의 안정적인 직업을 갖고 있는 것도 아니었어.

---

[102] 정원기, 「돌싱 커플 왜 헤어질까? 숨겨 둔 빚·자식·종교·부양 가족 등」, MoneyS, (2023. 6. 13.). (검색일 : 2025. 2. 24.)

아직 정이 깊이 들기 전이라서 고민 끝에 이별했어"라고 한다.

둘째, 50대 후반의 돌싱남이 과거를 회상한다. "내가 젊은 시절에 한 여성을 사랑했지만 길게 사귀지 못하고 헤어졌어. 하지만 그녀에 대한 애정은 마음 한켠에 늘 남아 있었네. 이후 세월이 흐르는 동안, 나는 결혼해서 살다 이혼했어. 물론 자녀도 있지. 그리고 40대 후반에 옛 연인을 다시 만날 기회가 있었어. 만나고 보니 그녀도 돌싱이었어. 웬 인연인가 싶어, 이내 사귀고 동거하며 사실혼 관계가 되었다네."

"나는 그동안 서울에서 병원 증개축을 하는 등 건축업을 하면서 경제적으로 부족함이 없었네. 아내와 나의 친 자녀 모두 양육하는 것이 우리의 사랑과 재력으로 대부분 가능했어. 우리가 다시 만나기 전에, 아내는 거의 홀로 자녀 양육을 책임지느라 경제력도 좀 약해져 있었지만, 그것은 오히려 우리의 사랑을 강화하는 계기였어. 10년 가까이 살면서 우리의 행복은 진행 중일세."

증여의 덕에 대해

니체 철학의 관점에서는 연인의 경제적 어려움을 어떻게 볼까? 니체가 삶의 고난을 기쁨으로 전환시키는 철학자이기에, 당연히 돈 문제는 행복의 또 한 계기이지 회피의 대상이 아니라고 할 수 있다. 차라투스트라는 이렇게 말한다.

"금(Gold)이 어떻게 최고의 가치를 갖게 되었는가? 그것은 금이 흔하지 않고, 실용적이지 않으며 부드러운 빛으로 반짝이면서도 스스로를 증여하기 때문이다. (그래서) 증여하는 자의 시선도 황금처럼 빛난다. 황금빛은 해와 달을 평화로 연결한다. 증여하는 덕이 최고의 덕이다."[103]

"그대의 증여하는 사랑(schenkende Liebe)과 인식(Erkenntniss)이 대지의 의미에 기여하게 하라! 나는 그대에게 이것을 간청한다."[104]

---

103) ASZ, Erster Theil : Von der schenkenden Tugend, Nr.1, s.85.
104) ASZ, Erster Theil : Von der schenkenden Tugend, Nr.2, s.87.

니체가 황금이 찬미되는 이유를 말하고 있다. 금은 현대에 들어와 전자제품, 우주항공, 의료, 금융거래, 장신구 등으로 산업과 일상에서 쓰임새가 넓긴 하지만, 그 자체로 실용성이 뛰어나다고 보기는 어렵다. 대신 '금의 가치는 내재적이어서 (모든) 가치의 근원이자 척도'[105]가 된다. 금은 증여의 상징이다.

금은 빛도 증여한다. 해로부터 받은 빛을 달에게 나누어 줘 평화로운 관계를 만든다. 증여하는 사람 역시 금을 닮아 황금빛으로 빛난다. 아무 조건 없이 주는 덕이야말로 최고의 덕이다. 증여하는 이는, "나는 꿀을 너무 많이 모은 벌(Biene)처럼 나의 지혜(Weisheit)에 지쳤다"[106]라고 하며, 세상 사람들에게 지혜를 나누어 주는 차라투스트라의 모습을 닮아 있다.

'대지의 사랑'과 '천상의 사랑'

연인의 채무 문제를 해결하는 데 있어, 니체의 '대지의 사랑'이

---

105) 정동호, 『니체 '차라투스트라는 이렇게 말했다' 해설서』, (책세상, 2022), p.186.
106) ASZ, Erster Theil : Zarathstra's Vorrede, Nr.1, s.11.

또 하나의 해법이 될 수 있는지 본다. 니체에게는 '대지의 사랑'만이 진정 가치 있는 것이며, '천상의 사랑'이나 절대적 세계를 동경하는 것은 허황된 일에 불과하다.

인간이 대지(大地)를 벗어나 다른 곳에서 지복(至福)을 찾게 되면, 현실의 행복이 행복으로 느껴지지 않고 고통은 더 커 보인다. 고통에 과민하면 그 고통스러운 현실에서 도피하고 싶어지는 것은 당연하다. 이 현실도피의 극단화된 형태가 주술과 사이비 종교 아니겠는가?

반면, 니체가 선호하는 '대지의 사랑'은 현실 긍정을 뜻한다. 그런데 앞서 살폈듯이, 세상에는 기쁨과 고통이라는 두 가지 반대정서가 필연적으로 공존한다. 니체는 '죽음의 설교자들'에 대해 얘기하면서, 삶의 부정적 계기들도 엄연한 현실이기 때문에 이를 회피하는 것은 곧 "도피(Flucht)이며 자기 자신을 망각(vergessen)하려는 의지"[107]라고 한다.

경제적 채무는 '고통'의 한 가지 구성요소다. 그런데 사랑이 오면

---

107) ASZ, Erster Theil : Von den Predigern des Todes, s. 52.

고통도 온다. '기쁨'을 인정하면 '고뇌'도 인정하는 것이 맞다. 상대와의 관계가 오래갈 경우라면, 그 상대에게 채무 상황을 적극 드러내는 것이 필요해 보인다. 일단 상황을 정확히 인지해야 해결의 단서를 찾을 수 있기 때문이다.

상대의 경제력이 따라 준다면 일거에 혹은 함께 채무를 청산할 수 있을 것이다. 커플이 함께 노력한다면, 인공지능을 포함하여 거래 은행(채권, 금융회사) 영업점, 신용회복위원회, 개인회생 및 파산제도 관련 법원, 그리고 변호사에게 문의하는 것이 좋겠다. 차라투스트라는 이렇게 말한다.

"그대가 벗을 원한다면 그 벗을 위해 전쟁을 할 수도 있어야 한다. 전쟁을 위해서는 적이 될 수도 있어야 한다. … 오, 나의 벗이여! 인간은 초극되어야 할 그 무엇이다. 벗은 추측(Errathen)과 침묵(Stillschweigen)의 명인(Meister)이다. … 그대는 친구에게 순수한 대기, 고독, 빵, 약(Arznei)인가? … 그대는 노예인가? 그렇다면 그대는 친구가 될 수 없다. 그럼 그대는 폭군인가? 그러면 그대는 친구를 가질 수 없다."[108]

---

108) ASZ, Erster Theil : Vom Freunde, s. 64-65.

친구를 위해서라면 힘든 일도 감수할 수 있어야 한다. 진정한 친구는 무조건 맞춰주는 사람이 아니라, 필요하다면 쓴소리도 할 수 있는 사람이다. 하지만 어떤 때는 거리를 둔 채 '추측'으로 상대의 마음을 헤아리고, '침묵'으로 상대를 있는 그대로 존중해 줄 수도 있어야 할 것이다. 대기, 고독, 빵, 약은 친구에게 진짜 필요한 것을 줄 수 있어야 함을 의미한다. 좋은 우정은 노예처럼 맹종하지 않으며, 폭군처럼 억누르지 않는 평등하고 자유로운 관계에서 가능하다.

결국 '대지의 사랑'은 연인 사이에서 생기는 채무(빚) 문제를 회피하지 않고, 함께 힘을 합쳐 해결하도록 자극한다. 이는 두 사람의 사랑을 더욱 단단하게 만들어 줄 것이다. 주변에서도 이런 사례가 종종 들려오고 있다. 니체는 인간이 스스로를 뛰어넘는 존재라고 했다. 따라서 '대지의 사랑'에 '자기초극'의 의지가 더해질 때 사랑은 상승하고 강화될 것이다.

돈 갚으라는 말을 했다면?

남녀 간에 금기가 있으니 하나는 바람피우지 않는 것이며, 또 하나는 돈 빌려주었을 때 돈 갚으라는 말을 하지 않는 것이다. 부부 같이 깊은 연인 관계에서는 상대 연인이 돈을 빌려달라고 하면, 재정 능력의 범위 안에서 그냥 주는 것이 제일 좋다. 의식주를 함께 하는 날들이 많고, 이심전심 혹은 표현을 통해 사랑을 자주 확인하면 그 관계가 깊은 관계라고 할 수 있다.

연인에게 "돈 갚아야지?" 하는 말이 농담이라면 모르지만, 진지하게 말했다면 상대에게 가해지는 심리적 타격은 크다. 연인관계가 위험해지는 것이다. 돈 빌려간 상대가 무엇인가 섭섭하게 했어도 돈 문제와 결부시키는 일은 없도록 한다. 니체는 이렇게 말한다.

"사람이 고귀해진다는 것은 자유주의적 제도하에서는 가능하지 않다. 이른바 '커다란 위험'이 사람을 존경하게 만든다. 우리로 하여금 상황의 대처능력, 덕, 공격과 방어능력, 정신능력을 비로소 알게 해주는 것, 곧 인간을 강하게 만드는 것은 바로 위험이다."[109]

편안 것, 평범한 것, 모험이 없는 사랑은 평탄해 보이지만, 깊은 사랑에 이르는 것이 우연에 맡겨져 있어 견실함이 약하다. 오히려 사랑은 모험과 위험 속에서 다양한 사건 및 갈등을 겪으면서 더 깊고 진한 향을 낸다. 이는 온실의 화초와 태양빛 속의 화초를 대비시키는 것과 유사하다. 위험은 인간을 강하게 만든다.

일단, 돈 갚으라는 말을 해서 초래된 위험을 극복해야 한다. 먼저 그 말을 한 사람이 상대 연인에게 잘못했음을 전한다. 상심했던 연인은, 연인 간의 돈 문제도 사전에 가치관이 서 있지 않으면 그렇게 실수할 수 있겠다고 생각하면서 상대를 이해해 줄수록 좋다. 그리고 연인이 빌려간 돈을 되돌려 받았다면 다시 가져가도록 배려한다.

---

109) Nietzsche, F./ Richard Polt, Twilight-of-the-Idols, (Cambridge University Press, 1997), No.38: Raids of an Untimely Man, p.75.

이때 돈이 필요한 연인에게 은행 대출을 권하는 것은 피한다. 왜
냐하면 은행 대출이 가능해도 작성해야 하는 서류가 너무 많고, 연
인에게 은행을 오가도록 하는 것도 도리가 아니기 때문이다. 차라투
스트라는 '창조자의 길에 대하여'라는 주제하에 이렇게 말한다.

> "그대는 최초의 움직임인가? 스스로 돌아가는 바퀴(Rad) 인가? …
> 나(차라투스트라)는 그대로부터 '무엇으로부터의 자유'가 아니라 '무엇
> 을 위한 자유'인가를 듣고 싶다. 그대는 스스로에게 선과 악을 부여
> 하고, 그대의 의지(Willen)를 율법처럼 그대 위에 걸어 놓을 수 있는
> 가? 그대 스스로 그대 법의 심판자(Richter)이자, 복수자(Rächer)가 될
> 수 있겠는가?" [110]

돌싱 커플이 함께 노력하면, 연인은 '경제적 궁핍으로부터의 자
유'가 가능해질 것이다. 그러면 둘은 사실혼 혹은 법률혼 관계로
발전하여 안정적인 생활이 더 쉬워진다. 다음에는 둘이 더 상승할
차례다. 커플 공통의 '자기초극을 위한 자유'를 그리는 것이다. 예
컨대 연비가 좋고 친환경적인 자가용을 구입하자고 할 수 있다.

---

110) ASZ, Erster Theil : Vom Wege des Schaffenden, s.72.

2025년 3월 22일, 경상북도 의성에서 성묘객의 실수로 대규모 산불이 발생했다. 대피한 사람들이 27,000여 명, 희생자 26명,[111] 3월 27일 기준으로 산불 피해면적이 약 45,157 헥타르였다.[112] 이는 축구장으로 치면 63,271개로,[113] 엄청난 규모였다.

경기도에 사는 50대 초·중반 돌싱 커플의 아내가, 어느 날 퇴근하자마자 느닷없이 남편한테 이렇게 말한다. "여보, 우리 내일 경상도로 산불 끄러 갑시다." 남편은 예기치 않은 아내의 말에 감동을 받으며 웃었다. 아내가 공동체를 위할 줄 안다는 것이 신선하게 느껴졌기 때문이다. 이때 이들이 성능 좋은 자가용을 갖고 있다면, 차를 몰고 경상도 시골 지역으로 가 산불 진화에 힘을 보태기 쉬웠을 것이다.

이러한 의지가 스스로의 율법처럼 기능하도록 하는 것이 두 사람에게는 '최초의 움직임'이다. '최초의 움직임'은 자기 삶의 주체가 되어 스스로 동기를 부여하고 새롭게 행동하는 것을 의미한다. 니

---

111) Jin Yu Young, "South Korea Battles Its Worst Wildfires on Record," The New York Times, March 26, 2025.
112) "2025년 의성-안동 산불", 위키백과, May 12, 2025.
113) "Perplexity," Perplexity AI, accessed June 17, 2025, https://www.perplexity.ai.

체는, 인간이 위버멘쉬(Übermensch)가 되기 위해서는 기존 도덕이나 사회규범만 따르지 말고, 삶을 창조적으로 살아가자고 하지 않았던가? 이런 삶은 곧 '소극적 자유'에서 '적극적 자유'[114)로 나아가는 여정이라 할 수 있다.

삶의 부정적 계기에서 배우다

니체는 이렇게 말한다.

"고뇌를 깊이 경험한 자는 정신적 자부심과 역겨움을 동시에 느낀다. 얼마나 깊이 고뇌했는가에 따라 위계질서(oder of rank), 곧 인간의 등급이 정해진다. 깊이 고뇌하는 자가 가장 풍부한 앎과 삶의 대응방식을 알 뿐만 아니라, 보통사람들이 알지 못하는 멀고도 무서운 세계에서 살다 온 사람처럼 그런 세계를 안다. 깊은 고뇌는 인간을 고귀하게 한다."[115)

---

114) 정동호, 『니체 '차라투스트라는 이렇게 말했다' 해설서』, (책세상, 2022), p.167.
115) Nietzsche, F. / Judith Norman, Beyond Good and Evil, (Cambridge University Press, 2002), No.270, p.166.

돈 문제로 갈등을 겪으며 서로 멀어졌을 때, 오히려 그 거리를 통해 상대의 소중함과 그 존재의 의미에 더 가까이 다가갈 수 있다. 돈이 사랑을 강화하거나 약화시키는 이중적 기능이 있음도 실감할 수 있다. 이렇게 위험과 깊은 고뇌가 인간을 더 강하고 고귀한 존재로 성장시킨다. 니체는 이렇게 말한다.

> "사람들은 맹수나 맹수 같은 인간을 이해하지 못하고, 아주 건강한 열대의 괴물이나 생명체에서 질병이나 악마적 속성을 찾으려고 한다. 이는 자연성(nature)을 이해하지 못하는 것을 뜻한다. (그렇다면) 도덕주의자들(moralists)은 본래 열대와 원시의 숲에 대해 반감을 갖고 있는 것이 아닌가?"[116]

니체의 말은, 자유정신의 소유자들이 열대의 맹수처럼 건강한 생명력을 갖고 있음에도 불구하고, 기존 도덕주의자들에 의해 마치 병든 사람 혹은 악한 사람처럼 취급받는다는 것을 뜻한다. 앞서 우리가 기존 가치에 '동일' 하게 일치하기 보다는 '차이'를 존중하자는 얘기를 했다. 따라서 관습적인 도덕이나 가치를 넘어, 잘못을 포함하여 상대방의 행위에 대해 열대의 원시적 생명력을 대하

---

[116] Nietzsche, F. / Judith Norman, Beyond Good and Evil, (Cambridge University Press, 2002), No. 197, p. 84-85.

듯 호기심 어린 시선으로 보는 것이 좋겠다.

앞서 2장에서, 니체가 인간을 '짐승과 초인 사이에 놓인 밧줄이요 다리'라고 규정했는데, 이 말이 치유의 힘을 발휘하는 대목이 또 여기다. 경제적 어려움으로 인해 생긴 연인 간에 갈등과 상처가 생겼다. 돈 문제와 관련하여, 가치관이 확정된 '존재(being)'가 아니라 변해 가는 도정(道程) 즉 '생성(becoming)'의 시각으로 상대를 보게 된다. 이것은 상대의 변화 가능성을 열어 놓는 포용적이고도 훌륭한 시선이다. 이럴 때 서로를 이해하면서 상처가 치유될 수 있을 것이다.

이제 연인 간의 돈 문제는 넘기 어려운 큰 산에서 넘을 수 있는 언덕으로 느껴질 것이다. 도종환 시인의 시 「흔들리며 피는 꽃」에서 "흔들리지 않고 피는 꽃이 어디 있으랴"라는 구절이 공감을 일으키는 것도 이 때문이 아닌가?

8

돌싱 커플의 경제생활

재산 처리

여기서는 어느 돌싱 커플의 부동산 처리 상황을 소개하는 것으로 논의를 대신한다. 이들은 한국에서 수년째 동거하고 있다. 남성의 친아들이 함께 살고 있는데, 아들은 곧 군 입대를 앞두고 있다.

여성은 지금의 남편을 만나기 전에, 중국에 자신 명의의 집을 하나 구입해 둔 적이 있다. 최근에 그 집을 팔게 된 것이다. 여성이 조심스레 말했다. 여보, "예전에 내가 가지고 있던 집을 이번에 팔게 됐어." 이에 대해 남편은 "그건 우리가 만나기 전부터 당신이 가지고 있던 재산이잖아? 그러니까 당신이 알아서 결정하면 될 것 같아!"라고 흔쾌히 말해 주었다.

남편은, 부동산이 현재의 아내와 함께 모은 재산이 아니기 때문에 그 돈이 온전히 아내의 몫이라고 생각한 것이다. 물론 이 커플이 크게 빈곤할 때, 혹은 둘이 함께 사업체를 운영하면서 자금이 절실히 필요할 때는 마땅히 부부가 공동으로 쓸 수 있을 것이다.

아내는 집을 판 돈으로 다른 집을 매입해서 세를 놓을 것이라고 했다. 그리고 아내 친가에서 그 집을 관리하면서 월세 수입의 일부를 갖도록 한다는 것이다. 그렇게 아내는 경제력이 약한 친가를 지원하려고 한다. 그녀의 가족애가 훌륭하다.

만일 집을 처리하고 나서 여윳돈이 생겼다면, 여성이 현재의 남편에게 조금은 팁으로 줘도 좋을 것이다. 사랑하는 사람에게 최소한으로 배려하기 위해서다. 예컨대 500만 원이 남았다면, 남편에게 100만 원만 주어도 기뻐했을 것이다. 기대하지 않은 용돈이 생겨 기쁨이 두 배가 되기 때문이다. 이때 남편이 아내의 이전 재산도 자신의 것이라고 생각했다면 100만 원에 만족할 수 없을 것이다.

현대 민주주의 속 '민중의 행복'

근대 민주주의는, 자유와 평등이라는 가치를 앞세워 절대왕정을 무너뜨리는 역사적 진보를 이루었다. 그런데 현대 민주주의를 보면, 권력자가 '민주주의와 정의'를 표방하지만, 실제로는 민주적 헌정질서를 위협하는 일이 적지 않다. 니체는, 시대를 앞서서 현대성이 지닌 이런 모순을 예리하게 간파했다. 차라투스트라는 '작게 만드는 덕'이라는 주제하에 이렇게 말한다.

> "나(차라투스트라)는 호기심 어린 눈으로 사람들의 위선(Heuchelein) 속으로 날아가 보았다. 그 때 나는, 햇살이 따스한 유리 창가에서 누리는 파리 떼의 행복(Fliegen-Glück)과 윙윙거림을 잘 알게 되었다. 나는 선의가 있는 곳에 그만큼 악함이 있음을, 정의와 동정이 있는 곳에도 역시 그만큼의 악함이 있음을 본다."[117]

니체가 거침없이 현대인들의 삶의 만족을 파리 떼의 행복에 비유하고 있다. 여기서 '햇살'은 겉보기에는 평화롭고 즐거워 보이지만 실제로는 깊이 없는 표면적인 만족을 의미한다. 니체가 전하는

---

117) ASZ, Dritter Theil : Von der verkleinernden Tugend, Nr. 2, s. 190.

메시지는 타인의 도덕, 관습, 위선에 흔들리지 말고 '자기 자신으로 살자'는 것이다. 여기서 말하는 '정의'는 힘의 표현 대신, 도덕적 우월감 등에 의존하는 약함의 표현이다. 이 모두 인간이 왜소화된 모습이다. 니체의 위트 있는 풍자는 계속된다.

> "저들(현대인들)은 서로 원만하고 정직하며 친절하다. 이는 마치 모래알이 다른 모래알들과 둥글고 선하며 친절한 것과 같다. 저들은 겸손하게 작은 행복을 껴안는다. 그들은 이것을 '순종(Ergebung)'이라 부른다. 어느새 그들은 또 새로운 작은 행복을 겸손하게 곁눈질한다. 저들이 기본적으로 원하는 것은 간단하다. 바로 누구로부터도 고통당하지 않는 것이다. 이것을 덕(Tugend)이라 불리지만 실은 비겁(Feigheit)이다."[118]

니체가 비판하는 범속한 자유와 개인주의는, 구성원들과 '함께 하지만' 끝에 가서는 '함께 하지 않는다'는 것을 뜻한다. 앞서 고통을 다루었는데, 사람들이 고통에 대해 과민하다고 한다. 아래의 사례는 일전에 필자의 친구가 들려준 이야기다. 이웃이 꾸준히 자신의 경제력과 힘을 키우도록 기다리는 모습을 보여 준다.

---

[118] ASZ, Dritter Theil : Von der verkleinernden Tugend, Nr. 2, s. 190-191. ('순종', '고통'의 번역은 백승영 교수의 견해를 참고함).

"우리 장모님은 생전에 작은 사업체를 운영했어. 거래처 사람들에게 종종 돈을 빌려주었지만, 갚으라는 얘기는 안 했어. 미수금이 있어도 재촉하지 않는 성향이었지. 그랬더니 사람들 대부분이 스스로 장모님에게 돈을 갚았고, 평생 장모님을 존경했어. 결국 이들은 장모님의 장례식 때 다 찾아오더라."

유산 처리

남녀 사랑도 시대와 사회의 영향을 받지 않을 수 없을 것 같다. 차라투스트라는 이렇게 말한다.

"고독이 끝나는 곳에서 시장이 시작된다. 그리고 시장이 시작되는 곳에서 명망가들의 소음과 독파리의 윙윙거림이 시작된다. 대중(das Volk)은 위대한 것 즉 창조적인 것을 이해하지 못한다."[119]

"오, 나의 형제들이여, 나는 그대들을 새로운 귀족으로 임명하고 안내한다. 그대들은 미래를 낳는 자, 미래를 양육하는 자, 미래의 씨를 뿌리는 자가 되어야 한다. 정녕 그대들은 소상공인들(Krämern)처럼 돈으로 살 수 있는 귀족(Adel)이 되어서는 안 된다. 값이 매겨진 어떤

---

119) ASZ, Erster Theil : Von den Fliegen des Marktes, s. 58.

것도 가치 있는 것은 없기 때문이다."[120]

니체가 이번에는 인간성에 가해지는 현대문명의 폐단을 지적하고 있다. 고독한 사유가 끝나는 곳에서 물질주의가 활개친다. 현대 자본주의가 인공지능 기술을 만나면서 불평등이 더 심화된다는 의견이 설득력을 얻고 있다. 2024년 통계에 따르면, 절반 이상의 미국인들이 인공지능 사용에 의해 임금불평등과 양극화가 심화될 것이라고 응답했다. 미국의 젊은이들 46%가 5년 내에 자신들의 직업이 인공지능으로 대체될 것이라고 했다.[121]

이것은 이미 현실화되고 있다. 영국 옥스퍼드 이코노믹스(Oxford Economics) 보고서가, 2023년 중반 이후 인공지능에 일자리를 내줌으로써 발생하는 실업률을 공표했다. 미국 내 대졸자의 실업률이 1.6% 증가했는데, 이 수치는 미국 내 전체 실업률의 거의 3배다. 특히 초급 및 저연차 사무직(entry-level positions)의 실업률 높다.[122] 실업증가는 불평등 심화를 가져오고, 이는 다시 상대

---

120) ASZ, Dritter Theil : Von alten und neuen Tafeln, Nr. 12, s. 227.
121) "AI's Impact on Income Inequality in the US," Brookings (blog), accessed June 17, 2025.
122) Danielle Abril, "Why Your Job May Face a Double Threat If the Economy Sours," The Washington Post, June 5, 2025.

적 빈곤층을 양산한다. 그러면 배금주의(拜金主義)가 강화되면서 시민성, 연대감, 사랑의 가치가 더 약화될 것이다.

돌싱 커플의 한 사람에게 집이 한 채 있다. 집 소유자가 먼저 세상을 뜨면, 배우자에게 넘겨져 남은 사람의 노후를 위해 쓰이길 바라고 있다. 그런데 사실혼 관계이기 때문에 부부 상속이 안 된다. 그래서 증여를 선택하게 되는데 이때는 세금 부담이 따른다. 이에 2025년 6월에 인공지능 '퍼플렉시티(Perplexity)', '코파일럿(Copilot)'에게 공통 질문을 했다. "사실혼 관계의 배우자에게 2억 5천만 원짜리 아파트를 증여할 때 세금은?" 하고 물었더니 아래와 같이 답을 했다.

인공지능	증여세	취득세	세금 합계
Perplexity	4000만 원	875만 원	4875만 원
Copilot	4000만 원	950만 원	4950만 원

거의 5000만 원의 세금이 필요하다. 이 부부는 앞서 2024년 12월, 인공지능 '챗 GPT'에게 같은 질문을 한 적이 있었다. 이어서 그 결과를 갖고 동네 법무사 사무실에 들렀다. 법무사는 인공지능을 믿어도 좋다고 했다. 이 부부는 1시간 가량 공증을 통해

증여하는 방법 등에 대해 법무사와 상담했다. 그리고 직원과 함께 점심 식사를 맛있게 하라고 하면서 법무사에게 소액 상담료를 지불하고 나왔다. 그런데 위 표의 자료는 이전보다 더 정확해진 결과다.

또 하나의 대안으로, 소유한 집에 거주할 경우에 한국주택금융공사를 통해 주택연금을 신청하는 방법이 있다. 주택연금에 가입할 때 사실혼 배우자도 함께 등록해야 한다든가, 사망 후에는 새로운 배우자 등록이 안 되는 점 등을 미리 살펴야 한다. 이렇게 돌싱 커플이 사전에 유산 처리를 합리적으로 해두는 것은, 나무를 심어 장차 상대에게 그늘이 되어 주는 것과 같다.

한국에서 사실혼이 법률혼에 비해 과하게 차별받는 것은 문제다. 2024년 통계청 조사에 의하면, '결혼하지 않아도 함께 살 수 있다'고 답한 비율이 67.4%였다.[123] 사회인식은 이렇게 변하는데, 제도권의 민주주의는 여전히 느리다. 여기서 사실혼을 법의 양지로 가져오는 것을 더디게 만드는 데 유교도덕(儒敎道德)을 원인으로 지목하지 않을 수 없다.

---

123) 김선영, 「결혼하지 않아도 함께 살 수 있다 67.4%」, 『덴탈뉴스』, (2024. 11. 15.).

한국의 유교적 가족주의는 변함없이 기성인들의 의식에 남아서 '남녀 결혼(법률혼)'을 자녀 출산의 표준으로 여기게 한다. 그런데 이런 전통적 의미의 결혼은 여성의 희생을 요구한다. 육아, 가사, 시댁 중심의 가족문화가 여전히 여성에게 부담을 주는 것이다.

> "결혼과 출산을 장려하는 계기를 보면, 서양은 기독교의 종교적 가르침에 따른데 비해, 한국은 주로 유교적(Confucian)이고 가족 중심적인(familial) 문화에 기반했다. 한국의 이러한 '문화적 보수주의'와 현대 한국의 '사회경제적 현대화'가 충돌하면서, 한국에서 성의 혁명(sexual revolution)은 진전을 이루지 못했다. 이것은 한국의 혼외출산율이 매우 낮은 것으로도 확인된다."[124]

여기서 우리는, 니체가 왜 그리도 전통도덕을 비판하고 자유정신의 회복을 갈구했는지, 그 문제의식에 공명하게 된다. 사법정책연구원장을 지낸 홍기태 변호사는 이렇게 말한다.

> "바람직한 가족 형태가 무엇인지는 사람마다 생각이 다르겠지만, 더 이상 전통적 가치관으로 시대의 변화를 막을 수 없음은 분명하

---

[124] Ross Douthat, "Opinion | Is South Korea Disappearing?," The New York Times, December 2, 2023.

다. 영국, 프랑스, 스페인, 북유럽 3국 등 유럽의 많은 나라에서 혼외 (법률혼 외) 출생비율이 40%를 넘고 있다. 유교적 사고로는 이런 나라가 망조가 든 것일지 모르지만, 출생률은 우리나라의 2배 이상을 기록하고 있다. 오히려 전통적 가치를 고수하는 우리나라가 먼저 국가 소멸의 길로 내딛고 있는 실정이다."[125]

---

125) 홍기태, 「사실혼, 차별받을 일인가」, 『법률신문』, (2024. 6. 8.).

경제활동

지금 우리가 니체 철학을 바탕으로 연애론을 이야기 하는데, 경제활동이라는 주제는 일견 어울리지 않아 보인다. 그러나 니체 철학에서는 삶의 모든 어려움과 마주하는 태도를 중요하게 다룬다. 경제적 어려움 역시 예외가 아니다. 니체는 그의 책 『우상의 황혼』에서 이렇게 말한다. "인생이라는 군사학교에서, 나를 죽이지 못하는 것은 나를 더 강하게 한다."[126]라고 했다.

그런데 우리가 처한 환경은 각자도생(各自圖生)의 자본주의 사회다. 재정적 안정이 보장되지 않는다면 국가가 최저생계는 보장해 주겠지만, 니체의 주요개념인 '힘에의 의지', '자기초극' 등을 실현하기는 그만큼 어려워질 것이다. 이런 점을 감안해서 여기서는 간단

---

126) Nietzsche, F. / Richard Polt, Twilight-of-the-Idols, Hackett Publishing Company, Inc., Indianapolis / Cambridge, 1997, No.7, p.6.

히만 살핀다. 차라투스트라는 이렇게 말한다.

"나는 남자와 여자에게 이렇게 바란다. 남자는 전쟁을 잘하고, 여자는 아이를 잘 낳되, 둘 다 머리와 다리로 춤추는 사람이 되길. 그리고 한 번이라도 춤추지 않은 날은 잃어버린 날로 간주하기를! 한 번의 웃음(Gelächter)조차 수반하지 않는 진리는 거짓이라고 생각하기를!"[127]

'머리와 다리로 춤추는 사람'은 기존 앎과 관습을 뒤집어 사고하는 사람이다. 이런 사람은 '인식과 행위에서 자유로운 경지에 있는 것이다.'[128] 웃음과 춤이 중요하고 진리는 도구다. 니체는 한 때 위의 책 『우상의 황혼』에서 또 이렇게 말한 적이 있다. "도스토에프스키는 내가 무언가를 배운 유일한 심리학자다."[129] 이 말은 니체가 도스토에프스키를 통해, 이성과 논리만으로는 설명할 수 없는 인간 내면의 갈등과 모순을 깊이 있게 이해하게 되었음을 뜻한다.

---

127) ASZ, Dritter Theil : Von alten und neuen Tafeln, Nr. 23, s. 234.
128) 니체, 『차라투스트라는 이렇게 말했다』, 황문수 옮김, (문예출판사, 2018), p. 360.
129) Friedrich Nietzsche / Judith Norman, "The Anti-Christ, Ecce Homo, Twilight of the Idols," (Judith Norman - (Cambridge 2007), p.219.

이러한 인간 이해는 니체로 하여금 아폴론적 세계와 달리 본능, 충동, 도취, 무의식의 영역에 눈돌리게 함으로써 디오니소스적 근본원리의 중요성을 인식하게 한 것으로 보인다. 웃음과 춤이 지닌 심리적·정서적 변화의 힘도 이런 맥락에서 신뢰하게 된 것으로 이해할 수 있겠다.

그렇다면 자본주의 사회에서의 경제생활은 경제 그 자체를 과정으로 삼고, 춤추는 삶과 웃음을 잃지 않는 삶을 목표로 하는 것이 바람직하지 않을까? 돌싱 커플 역시 이 점을 더욱 의식했으면 좋겠다.

기본적인 경제력을 확보하거나 강화하기 위해 몇 가지만 정리하면 이렇다. 첫째, 사업을 하는 경우는 물론이고, 개인의 가정경제를 설계할 때도 관련 서적을 두어 권 정도 탐독한다. 둘째, 직장인, 가정경제, 사회초년생이라면 재무설계사(Financial Planner, FP)를 찾는 등 상황에 맞게 상담을 받는다. 보통 개인들이 재정컨설팅을 받지 않는 경향이 있다. 이는 각종 경제적 사기에 노출될 가능성을 높인다.

둘째, 모든 투자에는 위험이 따르기 마련이므로, 금융이나 부동

산 관련 서류는 그 자리에서 바로 서명하지 말고, 자료를 챙겨 나와 다른 전문가나 가족, 친구와 충분히 상의하는 습관을 들인다. 그리고 나의 수입과 은행 대출 가능성을 살펴, 가능하다면 30대 초중반에 내 집 마련을 계획하는 것도 좋다고 본다.

 상환 기간이 길면 대출금을 나누어 갚게 되어 경제적 부담이 적어지기 때문이다. 대신 여력이 된다면, 중도상환 수수료를 내지 않아도 되는 시점에 이르러 대출원금을 좀 더 많이 갚는 것이 좋겠다. 그렇게 주거 환경을 안정적으로 마련하면, 예기치 못한 별거나 이혼 때 자녀에게 즉시 독립된 공간을 제공할 수 있는 장점이 있다.

9

돌싱 커플에게 결혼이란?

차라투스트라는 이렇게 말한다.

"그대들의 결혼이 단순히 침대만을 같이 쓰는 관계가 되지 않게 되길 바란다. 그대들은 너무 서둘러 맺어진다. 그러니 결혼이 파괴되는 것! (따라서) 왜곡된 결혼(Ehe-biegen), 위장된 결혼(Ehelügen)보다 결혼의 파괴(Ehebrechen)가 더 낫다! 나는, 잘 맞지 않는 부부는 최악의 복수심을 갖는 사람들임을 알았다. (따라서 그대여) 큰 결혼에 적합한지 알아보기 위해 일정기간 작은 결혼(Kleine Ehe)을 해 보자! 남녀 둘이 언제나 함께 한다는 것은 엄청난 일이다!"[130]

작은 결혼은 결혼 전에 서로를 충분히 알아보고, 진정한 결합이

---

130) ASZ, Dritter Theil : Von alten und neuen Fafeln, Nr. 24, s. 235.

가능한지 알아가는 준비 단계다. 큰 결혼은 단순히 함께 산다는 것을 넘어, 서로에게 존재의 의미와 가치를 느끼는 동반자 관계다. 니체는 친구를 이렇게 규정한다. "벗은 제3의 인물이다. 이 제3의 인물은 두 사람의 대화가 심연(Tiefe)으로 가라앉지 않게 하는 코르크(Kork)다."[131] 남녀 사랑 역시 서로를 받쳐주는 우정 어린 관계를 필요로 한다고 보았다. 차라투스트라는 또 이렇게 말한다.

> "창조하는 당사자들보다 더 나은 한 사람을 창조하는 두 사람의 의지, 이 의지를 의욕하는 서로에 대한 외경(Ehrfurcht), 나는 이것을 결혼이라 부른다. … 창조자에 대한 갈증, 위버멘쉬를 향한 화살과 동경(Sehnsucht), 나의 형제들이여 말하라, 이것이 결혼에 대한 그대들의 의지인지."[132]

니체는 늘 새로움에 대한 갈망이 있다. 그것은 오랜 세월 서양의 문화적 퇴행을 조장한 것이 도덕중심, 관념중심의 학문과 종교에서 비롯되었다고 보기 때문이다. 결혼도 이성적 이끌림 이상의 고양된 사랑으로 나가는 계기로 생각한다. 그래서 서로 존경하며 더 위대한 인간, 더 고귀한 가치를 창조하려는 의지의 결합으로 본다.

---

131) ASZ, Erster Theil : Vom Freund, s.64.
132) ASZ, Erster Theil : Von Kind und Ehe, s.81.

그래서 남녀 사랑도 완성된 상태(being)가 아니라 지속적인 변화(becoming)에 열려 있다.

집안 경조사에 대해

이제 마지막 주제를 다룰 차례다. 돌싱 커플이 혼인신고를 하는 것도 좋은 선택이지만, 여기서는 사실혼을 전제로 이야기한다. 커플이 한 집에 살면, 양가 집안 가족들과 어울리면서 자연스럽게 집안의 경조사에 참여할 수 있다. 그렇게 가족공동체 속에서 행복감을 느낀다.

가족 간의 유대는 삶을 강화하는 힘이다. 이 힘은 가족사를 재확인하고 경험을 나누는 대화에서 가능하다. 이를 위해 가족모임에서는 가문의 제사, 종친회, 족보 이야기는 줄이고, 선친의 생애, 현재의 가족들이 성장기 때 경험한 삶을 얘기하는 것이 좋겠다. 또 가족의 경조사도 더 많이 간소화될 필요가 있다.

아울러 사실혼 관계의 돌싱 커플이, 상대방 집안의 경조사에 적극적으로 참여하는 것은 미래에도 도움이 된다. 부부 중 재산의 소유자가 먼저 세상을 떠날 경우, 남은 사람이 사실혼 관계를 입증해야 법적 권리나 도덕적 정당성을 주장할 수 있다. 이때 상대방 가족이 중요한 증인이 될 수 있기 때문이다. 가족과의 친교가 재산증여 등 실질적 이익과도 연결되는 것이다.

반면, 돌싱 커플은 한때 싱글로서 누렸던 자유의 기억을 간직하고 있는 경우가 있다. 이로 인해 가족 간 경조사에 참여하는 일이 부담스럽게 느껴지기도 한다. 특히 양가의 생일이나 제사까지 모두 챙기는 것은 그 자체로도 벅찬 일이다. 이러한 점은 작가, 예술가, 철학자 등 창작 활동에 전념하는 사람들이 대체로 비혼이나 이혼을 선호하는 주요 이유가 되기도 한다.

니체는 소크라테스의 결혼을 두고, '철학자의 결혼이 얼마나 불행한가를 보여 주기 위한 것'이라고 풍자한 적이 있다. 니체 역시 56세로 생을 마감할 때까지 결혼하지 않았다. 따라서 현재의 내 배우자가, 매년 반복되는 경조사에 늘 함께해 주기를 기대하는 것은 지나친 바람일 수 있다. 더욱이 부모의 생일이나 제사에 동참을 요청받을 때는 도덕적 무게감이 실려 거부하기도 어렵다.

그렇다면 "당연히 우리 집 경조사에 참여해야 한다"가 아니라 "참여하지 않아도 좋고, 참여한다면 최소한으로만 함께 할까?"와 같이 부탁하는 정도에 그치는 것도 좋겠다. 기대하는 바를 낮추면 상대의 심적 부담도 적을 것이다.

1년에 1~2번 정도, 4촌 이내의 결혼, 생일, 기일 등에 배우자가 자발적으로 참여하고자 할 때 동행하면 될 것이다. 연초에 탁상 달력을 펴놓고 둘이 앉아 경조사 날짜를 미리 표시해 두면, 다른 업무 일정과 겹치는 일이 없을 것이다. 그 대신, 부부는 사유와 창조에 더 큰 비중을 두고 건강, 문화 활동, 휴식의 시간을 충분히 갖도록 한다.

글을 마치며

지금까지 철학자 니체와 함께 사랑과 삶을 논해 보았습니다. 이 책에서 가장 많이 언급된 개념으로 '위버멘쉬'가 14번, 이와 동의어로 섞어 쓰는 '초인'이 11번, '바퀴'가 7번입니다. 위버멘쉬(초인)는 평균적인 인간의 속성을 넘어서려는 니체의 열망이 담긴 핵심 개념입니다. 구르는 '바퀴' 역시 '영원회귀'와 '놀이하는 아이'를 연상케 하는 주요 개념입니다.

니체의 이러한 개념들이 시사하듯, 그는 호기심과 모험심, 그리고 유희하는 어린이의 정신으로 자신의 운명을 새롭게 발견하고 창조할 때 비로소 운명애(Amor fati)가 실현된다고 보았습니다. 결국 『차라투스트라는 이렇게 말했다』는 우리로 하여금 삶이 '기쁨의 샘'이 되도록 변화시키자고 어깨를 토닥이며 격려하는 책이라고 할 수 있겠습니다.

돌싱 커플이여, 그리고 연인들이여, 니체로부터 사랑의 지혜를 얻으며 그에게서 호감과 매력을 느꼈다면, 이제부터 그를 벗 삼아 섬세한 눈과 온정어린 손으로 사랑의 정원을 아름답게 꾸미길 바랍니다.

참고문헌

· 강용수, 「문화의 이념과 교육의 역할 - 니체의 교육철학을 중심으로」, 『문화예술교육연구(Korean Journal of Culture and Arts Education Studies)』 제4권 제1호, (2009. 4.).

· 김성균 & 오수길, 『에코 뮤지엄』, (미담북스, 2022).

· 김선영 기자, 「결혼하지 않아도 함께 살 수 있다 67.4%」, 『덴탈뉴스』, (2024. 11. 15.).

· 김종삼, 『북치는 소년』, (민음사, 2012).

· 노자, 『노자 도덕경』, 남만성 옮김, (을유문화사, 1989).

· 니체, 『도덕의 계보』, 박찬국 옮김, (아카넷, 2021).

· 신호재, 「정치는 강자의 이익을 위한 것이 아니며, 의술은 돈벌이가 아니다」, 『교수신문』, (2024. 4. 17.).

· 심영구 「'성탄절은 아빠, 생일은 엄마랑' 공동 양육 방법까지 명시한 판결 나왔다」, 『SBS NEWS』, (2024. 9. 19.).

• 이형기, 『두란노 성경』, (두란노서원, 2018).

• 장소현, 「철학적 예술영화 '토리노의 말'」, 『미주중앙일보』, (2023. 7. 21.).

• 장 프랑수아 리오타르(Jean-François Lyotard), 『니체와 소피스트: 우리에게 필요한 논리』, 이상엽 옮김, (지식을 만드는 지식, 2016).

• 정원기, 「돌싱 커플 왜 헤어질까? '숨겨 둔 빚·자식·종교·부양 가족 등'」, 『MoneyS』, (2023. 6. 13.).

• 조희연, 「정치 이야기, 금기시 말고 '공존형 토론'을」, 『중앙일보』, (2023. 5. 17.)

• 최재천, 「주술과 저주, 파괴와 증오의 시대에 읽어 볼 만한 책」, 『프레시안』, (2025. 1. 18.).

• 최유나, 원해솔, 이주영, 성지은, 「외손자녀 양육을 통해 워킹 맘인 딸을 지원하는 60대 여성에 대한 사례연구」, 『사회과학연구』 제31권 3호, (2020).

• 홍기태, 「사실혼, 차별받을 일인가」, 『법률신문』, (2024. 6. 8.).

• "AI's Impact on Income Inequality in the US," Brookings (blog), accessed June 17, 2025.

• Amanda Coletta, "Justin Trudeau, Wife Announce Separation after 18 Years of Marriage," Washington Post, August 2, 2023.

• Britannica dictionary. https://www.britannica.com/dictionary. "Sophistry".

• Charles C. Verharen, "Die Überkinder : Nietzsche and Greta Thunberg,

Children and Philosophy", pp.883-885. ⓒ2021. Journal of Philosophy of Education published by John Wiley & Sons Ltd, Great Britain.

- Claire Cain Miller and Francesca Paris, "New SAT Data Highlights the Deep Inequality at the Heart of American Education," The New York Times, October 23, 2023.

- Copliot. (AI) accessed June 17, 2025.

- "Charles Baudelaire," The Poetry Foundation, accessed June 24, 2025.

- Danielle Abril, "Why Your Job May Face a Double Threat If the Economy Sours," The Washington Post, June 5, 2025.

- Danielle Kestnbaum JD and MSW, "Long-Distance Custody Schedules: Examples, Logistics & Expert Advice," OurFamilyWizard.

- "Friedrich Nietzsche," in Wikipedia, June 21, 2025.

- "Guide To Sharing Finances As An Unmarried Couple | Equifax," accessed June 25, 2025.

- "Joint Accounts," accessed June 25, 2025.

- Jin Yu Young, "South Korea Battles Its Worst Wildfires on Record," The New York Times, March 26, 2025.

- Lauren Gravitz, "The Importance of Forgetting," NATURE, Vol 571 (July 25, 2019), S 12.

- Nietzsche, F. / Judith Norman, Beyond Good and Evil, (Cambridge University Press, 2002).

- Nietzsche, F. / Carol Diethe, On the Geneology of Morality, (Cambrige

Univ. 2006).

- Nietzsche, F. / J. M. Kennedy, On the Future of Educational Institutions: Homer and Classical Philology, Printed in the USA, 2014, p.14. (www.ICGtesting.com)

- Nietzsche, F. / Ulrich Baer, Nietzsche on Love, (Printed in the United States of America: Warbler Press, 2020).

- Nietzsche, F. / Judith Norman, The Anti-Christ, Ecce Homo, Twilight of the Idols, (Cambridge University Press, 2007).

- Nietzsche, F. / Ronald Speirs, The Birth of Tragedy and Other Writings, (Cambridge University Press, 1999).

- Nietzsche, F. / Richard Polt, Twilight-of-the-Idols, Hackett Publishing Company, Inc., Indianapolis / Cambridge, 1997.

- "Perplexity," (AI), accessed June 17, 2025, https://www.perplexity.ai.

- "The Turin Horse," in Wikipedia, May 12, 2025.

- "What Is Co-Parenting? Expert Advice on How to Co-Parent Positively," Tiny Happy People, BBC.

- Wikipedia. "Sophist".